小学館文庫

永六輔　大遺言

さだまさし　永拓実

小学館

目次

第2部　永六輔の今を生きる36の言葉

第1部

永六輔の尽きない話

幕前に

「まさし、時間ある?」

この企画は、永六輔さんとの「最初で最後の」公式な場での対談をまとめたものです。

永六輔という人だけが持っている知識や知見、ものづくりのノウハウといった〝財産〟。それを後世に伝えなければならないと、僕が対談のオファーをしたのは、2013年のことでした。永さんの体調とも相談しながら、間を空けて、2回に分けて行いましたが、結果的に3回目が実現することはありませんでした。

まだまだ聞きたいことはたくさんあったなぁ。もっといろいろ聞き出したかったなぁ。これから、誰に人生を教わりに行けばいいんだろう。

僕にとって永さんは、仕事や人生の目標とも言うべき存在でした。

永さんは、昔気質《むかしかたぎ》の職人のような方ですから、かしこまった席で仕事や生き様など、真面目な話をするのが好きではありません。ですから、とても貴重な機会をいただだいたと感謝しております。

だいたい、普段から、永さんと話をするのは、偶然が重ならないと難しいんです。どこかでバッタリ会って話し込む、というのが常でした。

「まさし、時間ある？」

永さんにこう聞かれたら、なくても「ある」と答えます。で、永さんはせっかちだから、矢継ぎ早に聞いてくる。

「30分？　1時間？　2時間？　3時間？　半日？」

「1時間」と答えると、「わかった、1時間で話す」と話が始まる。

永さんの頭の中には核となるものがあるから、いくらでも話を伸ばせるし縮められるんです。

永さんにとっては、退屈しのぎだったのかなあ。僕は、ずっと聞いているだけ。

意見を挟むこともありません。

「これ知ってる？　知らない。じゃあ勉強しといて」

こんな感じでした。下手に、「わかりました」と言うと、向こうにはお見通しで、「わかってないでしょ？　わかってないだろうけど聞いておきなさい」と話が続きました。きっと、「後になってわかる」ことを伝えようとしてくれていたのかもしれません。

今回の対談は、お尻の時間を決めずに行ったものでした。「話し疲れるまで」という条件で、とりとめなく話を伺いました。そのお陰もあって、永さん、本当に自由に、いろんな話をしてくださいました。

好奇心という名の紐を引っ張る

永六輔という人は、喩《たと》えるなら、たくさんの紐《ひも》を腰にぶら下げていた人です。〝好奇心〟という名の紐です。

その紐は、ただぶら下げているだけではありません。義理堅い永さんは、きちんと、その紐を引っ張る。何本ぶら下げていようが、忘れずに律儀に引っ張り続ける。しかも楽しそうに。

永さんは〝変な人〟や〝変なこと〟が大好きな人でした。正直、「えっ、永さん、こんな人（こと）にこだわるんですか？」と疑問に感じたことも多々あります。

永さんの興味の順序――紐を引っ張る優先順位は独特で、僕には理解できないこともありましたが、いつも真っすぐにピーンとアンテナを立てて、アンテナの向くまま、足を向けていました。自分の得になるとか、誰かに呼ばれたとか、そういう理由で行動を起こさない人でした。

永さんにとって紐を引っ張ること――〝好奇心〟は生きるエネルギーでした。文字通り全国津々浦々、〝好奇心〟の向かう先に足を運び続けました。

しかも永さんは休まない。永さんの好奇心には休みがないのです。

僕も、人一倍好奇心がある人間だと自負していますが、永さんにはまったく敵《かな》いません。なぜなら僕は「休む」からです。酒好きですからね。お酒を飲んでいい気分になっている時は、好奇心も小休止です。「今日は飲んでいい気分になろう」となる。でも永さんはお酒を飲まないので、酒席でも好奇心がフル回転している。

酒も飲まない、食事も早いという人ですからね。時間がたっぷりあるわけです。そしてその時間を、〝好奇心〟で消費していました。

引っ張り続けた紐が、形になり始めると、永さんはラジオなどを通じて人に触れ回りました。永六輔という回路を通すと、どの紐も面白おかしい話になり、世間に浸透していきます。で、ある程度、世間に行き渡ったところで、ポイと紐を放る。

何人もの芸人さん、歌い手さん、役者さんが、永さんの紐の先にいました。永さんは陰日向《かげひなた》に応援し、アドバイスを送りました。手紙をしたためたりもしました。「間違っている」と思えば、叱り飛ばしました。永さんにとっての「種蒔《ま》き」です。

といっても、一方通行の関係じゃありません。種を蒔きつつ、永さん自身も、その人たちから何かを吸収している。

そして蒔いた種の花が開くと―そうした人たちが売れ出すと、永さんは興味を失い、知らん顔をします。「俺が発掘したんだ」「俺が育てたんだ」などと、恩に着せることもありません。恩を返されることも大ッ嫌いだから、一定の距離を置く。

天の邪鬼《じゃく》と言えば、大の天の邪鬼。

照れ屋と言うなら、人一倍の照れ屋です。

『防人の詩』でおすぎとピーコと

僕もかつて、永さんの紐の先にいたひとりです。

この話はこのあとの対談でも話題となりますが、共通の知人を介して、デビュー前の僕は、永さんに会っています。

デビューの直前、東京に行った折に、ラジオ局にいる永さんを訪ねました。永さんの性格ですから、面と向かって「がんばって」と言われた記憶はありませんが、「楽しみにしている」という言葉をかけられました。

永さんに倣ったわけではありませんが、僕はラジオと長く関わってきました。僕は1972年に、吉田正美（現・吉田政美）と「グレープ」を結成し、音楽活動を始めたのですが、その2年後、文化放送の深夜番組『セイ！ヤング』のパーソナリティとなります（1974年10月〜1976年4月）。その後、ソロになった僕は、『さだまさしのセイ！ヤング』（1981年10月〜1994年4月）と名を変えたものの、長い間、ラジオの深夜放送を続けました。

実は最初の頃、永さんに何度か出演してもらっています。

ラジオはね、心細いんです。本当にこれでいいのか。リスナーに聴いてもらっているのか。それで、ラジオの大先輩の永さんの力を借りようと思ったわけです。僕自身、永さんに聞きたいことがたくさんありましたし。

出演を依頼するたびに散々言われました。

「なんでこんな夜中に、俺を喋《しゃべ》らせるんだ」

ならば仕方ないと、「では録音で……」と提案すると、「いや録音はダメだ」と頑《かたく》なに言う。そういうわけで、深夜の生放送に無理矢理出てもらったのですが、出ると必ず、たっぷりと喋り倒していってくれました。

こんな話をすると、永さんととても親しかったように思われるかもしれませんが、世間の考える「親しい」とは少し異なります。

例えば、僕がおすぎとピーコに初めて会った時のことです。

当時、僕は「右翼だ」と、批判めいた目で見られていました。映画『二百三高地』(1980年公開)の主題歌、『防人の詩』のせいです。日露戦争の旅順攻囲戦をテーマに、戦争の悲惨さを描いた映画です。ところが、僕の歌もひとまとめに、戦争肯定と受け取られてしまった。で、おすぎとピーコも、さだまさし批判を繰り広げていました。

ある時、ホテルのロビーで打ち合わせを終え、たまたま隣に目をやったらあの2人がいました。挨拶をしたら、「座りなさいよ、あんた」と絡まれた。

で、『防人の詩』の話になったわけです。丁寧に説明したら、2人も理解してくれて、

「あんた、それを世間に言いなさいよ。あたしたち、まさしの味方になるから」

と言ってくれました。

後日、おすぎとピーコが永さんに会いました。早速、永さんにこのことを報告すると、永さん、こう言ったんだそうです。

「あなたたち、まさしを知らないから騙《だま》されるんだ。あいつは計算して言ってんだ」

この突き放しっぷり（笑）。やっぱり永さんですね。

永さんの言葉をただ受け取ればいい

前口上が長くなりました。

永六輔という人間に関して、ここで語りすぎても意味がありません。

というより、永さんほどの人間は、僕らに測りきれる人じゃないんです。僕ら

の持っているスケールに対して、大きすぎるんです。

だから測るとか、理解するなんて考えちゃだめなんだな、きっと。永さんの言葉から何か仕事や人生に役立つことを盗もうなんて考えちゃいけません。あの人だからできたことなんですから。

僕たちはただ、永さんが投げてくれたものを受け取って、自分の中で咀嚼《そしゃく》していくしかないんだと思います。咀嚼すらできないかもしれませんが、いいんです、それくらい大きな人なんだから。

永さんの話に笑ってください。

泣いてください。

でも、少しだけ何かを考えてみてください。

本書が、永六輔という人間の魅力を味わっていただくのに少しでもお役に立てば、これ以上の喜びはありません。

さだ　まさし　拝

第1幕

永《なが》の縁

「男は恥ずかしいことをしちゃいけない。恥ずかしかったら辞めろ、と。だから作詞を辞めた」（永）

共通点は「見せかけの優しさ」？

永　あなたとも随分長いけど、あなたとの付き合いの中でいくつか感謝していることがあって、それを今日は言っておこうと思って。

さだ　こっちが感謝しなければなりません。永さんにはいろいろなことを教わりましたから。

永　それはいいから、三波春夫[*1]（‖の註は174頁から）ね。

さだ　はい、広島原爆の日の8月6日に、「長崎から広島に向かって平和について歌う」っていう「夏 長崎から」*2のことですね？　始めたのは1987年ですが、たしか、永さんと三波春夫さんに出ていただいたのが98年のことです。

永　三波春夫さんが「戦争というのはくだらないものだということを、はっきり言いたい」と、ある時、言い出したの。「戦争の話をもっとしなきゃいけないんです。僕はそういう経験をしてきたんですから」って。ところが、自分のコンサートじゃ難しい。プログラムがそうならない。だったら、そういうプログラムをやっているところへ押し込んじゃおうという話をして。それであなたに頼んだんですよ。三波春夫さんは、あの手の会に出ることはないんです。

さだ　僕も驚いたんですよ、まさか三波春夫さんが出てくださるなんて。ミスマッチでしょう、だって。

永　ミスマッチ。

さだ　だって夏のフェスですよ？　「夏フェスに三波春夫!?」って集まった皆さんもびっくりしたんじゃないかなあ。

永　あれは僕も忘れられないですね。三波春夫さんはあとで言ってました。「自分の話すことが伝わった」って。

さだ　はい、伝わりました。

永　でも、あなたにはミスマッチすぎた？

さだ　そんなことないですよ。もう、最高に面白かったです、僕にとっても。失礼かもしれないけれども、あのお歳で、あれだけの観客を惹《ひ》きつけるオーラ。御見それしましたと言いたいですね。さっき「ミスマッチ」って言いましたけど、僕は実はこれがいちばん面白いなと思っているんです。ミスマッチ最高！……まあ、というより、永六輔とさだまさしという組み合わせ自体、きっと世間的には、ミスマッチなんでしょうね。つながりを知らない人もたくさんいるわけですから。

永　でもこの間、あのタモリが、永六輔とさだまさしとの共通点を口にしてたんだけど、「見せかけの優しさだ」って（笑）。思わず笑っちゃった。

さだ　……（苦笑）。

酒をわたる風を飲めばいい

さだ　せっかくだから、宮崎康平先生[*3]の話をしましょうよ。永さんと僕を結びつけてくれた恩人の。

永　あなたは帯谷瑛之介[*4]って人、知ってる？

さだ　いえ、知りません。

永　彼が山頭火[*5]を調べていて、その山頭火の話を聞きに、僕は帯谷瑛之介に会いに行ったの。はるばる福岡まで。そしたら、帯谷さんが「島原に面白いヤツがいる」って言うからついてった。その「面白いヤツ」というのが宮崎さん。

さだ　僕と永さんが会う前だから、昭和40年代くらいのことですか？

永　うん。ほら、宮崎さんって早稲田が大好きじゃない？　自分の母校だから。で、僕も早稲田だから[*6]。

さだ　そういうつながりですか。宮崎先生は森繁久彌さん[*7]とも親しかった印象がありますが。

永　森繁さんも早稲田だから。僕と同じ中退だけど。

さだ　そうか、早稲田つながりなんですね。

永　僕のいい話だけ先にしちゃうと、宮崎康平さんは飲んべえじゃない？　酒が大好き。で会うなり、「飲め」と言うから、「僕は飲めないんですよ」と断った。そしたら「飲めないとは何だ！」って怒鳴られて。「お酒を飲んだことないですし、飲んでもおいしいと思わないから、僕は飲みません」と言ったら、「それは失礼だ」と言うのね。で、宮崎さん、「その土地の酒は、その土地の文化だ。水と米と杜《とう》氏《じ》の仕事を味わうのが客としての礼儀だ」って。

さだ　あら。いい話だなあ。

永　困って飲んだふりをしようとしたら、それも怒られて。「酒というものは、その土地の水とその土地の米とその土地の男が、それぞれふるさとを背負って重ね合わせて出来上がる。酒を断るというのは俺のことを断るのと同じだから、帰ってくれ」って言われてね。

さだ　それでどうなったんです？

永　宮崎さん、大盃《おおさかずき》を持ってきた（笑）。

さだ　そういうことをする人なんだ。大盃を持ってきたんですか。

永　俺、飲んだらどうなるかわからないからね。「どうなるかわかりませんよ、飲んだら」と言ったら言うことがふるってる。「酒が飲めないなら、杯を口元に持っていって、酒をわたる風を飲め」

さだ　ほう、いいこと言いますね。さすが詩人ですね。

永　風を飲めばいいんだという。こうまで言われると断りにくい（笑）。

さだ　たしかに断れません。

永　こうやってなみなみと酒の注《つ》がれた大盃を持って。

さだ　風だけ飲んだ。

永　息を吐《つ》いて、ふーっと風だけ飲んだんです。

さだ　そしたら？

永　倒れました（笑）。何だかわからなくなって。あれ、風は酔います。

さだ　それは酔いますって（笑）。なにせ大盃の風でしょう？

永　うん。そのあたりから、何かあるたびに、「永君、この日が空いているから」と連絡が来て。僕も足繁《あししげ》く出かけて行った。

さだ　酒をわたる風を飲んだから、宮崎先生、好きになっちゃったんだ、永さんのことを。

永　その縁で、僕のやっていたテレビの番組にも出てもらいました。その時、山口百恵*8も出演していたんだけど、宮崎さんは目が見えないでしょ？　だから初めての人と会うと、必ず肩を触る。触るとその人がわかるというんだ。

さだ　山口百恵さんの肩を触ったんだ。羨《うらやま》しいなあ。

永　それだけじゃない。最初は後ろから肩を摑《つか》んだんだけど、「そうか、君が山口百恵か」と言いながら、回り込んで山口百恵のおっぱいをもんだんだよ。

さだ　えーっ！　好きだなぁ、先生も（笑）。

永　周囲も山口百恵もどうしていいかわからない。

さだ　なすがまま……。目に浮かびます。今だったらセクハラって叩かれるんでしょうね。

永　セクハラだね（笑）。

「まさしは噺家になる」

永　あなたの場合は、お父さんが知り合いだったんでしょ？

さだ　父（佐田雅人）が昔から宮﨑先生と交友があったので、がきんちょの頃からかわいがってもらっていました。

永　だから言われたもの。宮﨑さんからまだデビュー前のあなたのこと。「長崎に噺家《はなしか》になりたい若者がいるから、師匠を紹介してくれ」って（笑）。

さだ　ほんとにもう（笑）。で、なんて答えたんですか？

永　当時は九州出身の噺家なんていなかったからね。「長崎出身に噺家は無理でしょう」って。そしたら宮﨑さん、「歌はうまい」（笑）。「だったら落語のような歌を歌ったら面白いんじゃないですか」ってアドバイスした。それが、あなただった（笑）。

さだ　あれには困りました。宮﨑先生、勝手に「まさしは噺家になる」って決めて、永さんに相談しちゃうんだから。でもこれがきっかけで、僕は永さんとお知り合いになれたんですから、感謝しています。本当にね、先生には感謝してもしきれません。「長崎人なら精霊流しを歌え」と強く勧めてくれたのも宮崎先生ですし、その結果、グレープのヒット曲『精霊流し』[*9]が生まれました。僕らのことを、地元放送局のNBC（長崎放送）にも強く推薦してくれて、ヒットのきっかけのひとつを作ってくれました。

作詞を辞めた本当の理由

永　あなたは宮崎さんのおかげで歌手になったかもしれないけれど、僕が作詞を辞めることになったのも、宮崎さんのせいだって知ってる？

さだ　噂のレベルで聞いています。宮崎先生が直接、永さんに「辞めろ」と言ったんですか？

永　何かの酒の集まりで、皆で歌を歌っていたの。そしたら宮崎さんが、「俺は俺の作った子守歌を歌う」って歌い出した。

さだ　『島原の子守唄』*10ですね？

永　うん。で、「俺が歌ったんだから永君、君も自分の作った歌を歌いなさい」と言ってきた。僕はそこで、「嫌です、恥ずかしいから」と断ってしまった。

さだ　その気持ち、よーくわかりますよ。

永　そしたら宮﨑さんが烈火の如《ごと》く怒り出した。「男は恥ずかしいことはせんわい。恥ずかしかったら辞めろ」。そう言われて、それで作詞を辞めてしまった。

さだ　なんでそんな意地っ張りなんですか、永さんは。本当に「そうだな」と思ったんですか？　正直なことを言うと、もうそろそろ飽きていたんでしょう、詞を書くことに。宮﨑さんを言い訳にしていません？

永　いや、あなたに言うのもおかしいけど、全然知らない人が自分の作った歌を口ずさんだりしているのって、気持ち悪いよね。

さだ　それは怖いですよ。

永　嫌でしょう？

さだ　嫌というより怖いです。恥ずかしいです。だから、永さんが「恥ずかしい」

と言った気持ち、わかります。それが気に入らなかったんだ、宮崎康平は。それで、「恥ずかしいことなら辞めろ」という言い方になったわけですか。

永　うん。男は恥ずかしいことをしちゃいけないと。それで辞めようと。それにあの頃、あなたたちフォークが力を持ち始めていた。

さだ　ああ、あの当時ですね。僕、『精霊流し』がヒットした時に、永さんから、「こんなもんが売れるんじゃあ、やってられない」と言われましたもん（笑）。覚えてます？　あれ以来、作詞の一線から引かれてしまったと思っていましたが、宮崎さんに言われた頃と重なっていたんですね。

雪の中をスキップする男の幸せ

永　あの当時、あなたみたいに、自分たちの歌を自分たちで演奏して自分たちで歌う人たちが出てきた。吉田拓郎とか、小室等とか、それからあなた。僕はそれを見て、「歌はこうじゃなきゃいけない」と思ったの。つまり、誰かが作詞して、誰かが作曲して、誰かが歌うのは、その歌の心ってものがねじれたり切り離されたりしてしまうんじゃないか。いくらうまく歌っても、歌本来の心は途切れてくる。

さだ　それは永さんがそうお思いになったんですか。

永　思った。

さだ　僕は逆だな。僕は逆に思っていますね。

永　僕はそう思ってね。ある時、札幌で雪の降った日に、ホテルへの帰り道をひとりで歩いていたの。そうしたら僕の前にスキップしながら雪の中を歩いている男がいて、何か歌っている。何を歌っているんだろうと思ってその後ろをついていったのね。そうしたら、僕が作った『こんにちは赤ちゃん』[*11]だった。

さだ　きっとその人、赤ちゃんが生まれるか、生まれたばかりだったんでしょうね。

永　そういう喜びにあふれていた。歌ってこういうふうになっちゃうんだと。こういう歌を聴いちゃうと、もう歌手が歌っている歌はスカスカなんだよね。

さだ　僕は、自分の歌う歌を自分で作るというのはいいと思うんですよ。いいと思うんだけど、それが商売になっていって、ずっとそのことを続けることが本当にいいのか悪いのか。最初は皆アマチュアなのに、途中からプロになるわけでしょ? アマチュアの頃、お金も関係なく、好きな歌を作って歌っている分にはいいんですよ。でもそれが生活になっていくと、やっぱり切っ先が鈍る。しかもプロを名乗っているからといって、特別な音楽教育を受けていない人がほとんどだし、作詞を教わったわけでもない。素人からスタートしてるんです、僕らは。だから作り続けていると、作品のクオリティがどんどん下がっていくんじゃないか。そういう不安はいつも持っています。

永 逆の質問をするけど、よくあなたは恥ずかしくないね。

さだ 僕? 僕のことですか? はははははは。僕は恥ずかしさにもう慣れましたね。

永 慣れた?

さだ 最初は恥ずかしかったですけど、でもしょうがないですね。もう本当にね、「さだまさしの歌が嫌だ!」と言っているヤツの気持ちがよくわかります(笑)。

わかるけれどもこれしかできない。自分で伝えたいことがある以上はやろう。それだけです。

みんなが歌える歌であれ

永　話があちこちいくけど、通夜の席にもあなたと行ったね。

さだ　宮崎先生のですか？　もう30数年前のことですね。宮崎先生は賑《にぎ》やかなことが好きだから、目一杯僕らで場を盛り上げましょうって打ち合わせをして、島原のご自宅に夜半近くに伺ったら……。

永　もう、すごい騒ぎで。

さだ　奥さんが「あらぁ、いらっしゃい！　康平！　永さんとまさしが来たわよ!!」って大声で出迎えてくれて、もうそれがたまらなくて、打ち合わせと逆に、僕ら玄関先で、大声で泣き出してしまって(笑)。

永　お焼香を済ませる間は静かにしてくれていたけど。

さだ　終わったらまた大騒ぎ。本当に、あれは素敵な通夜でしたね。通夜が素敵っていうのもおかしな言い方ですが。その後、永さんと2人で詩島[*12]に行って語り明かしたのも懐かしいなあ。

永　また話があちこちにいくけど……病気のせい[*13]かな？

さだ　病気のせいにしちゃいけません。

永　せいにさせて。

さだ　いいえ、性格です（笑）。

永　……三波春夫さんのことなんだけど。

さだ　ふふふふ。また飛びましたね。

永　三波春夫さんがある時、こういうふうに言ったの。「『東京五輪音頭』[*14]も『俵星玄蕃』[*15]も歌い疲れた」と。

さだ　「歌い飽きた」、じゃなくて「疲れた」ですか？

永　「歌い疲れた」だった。奥さんからは「頑張れ」と言われるんだけど、だめだと。歌う代わりに、「自分は戦争の愚かさの話をしたい」と。でも会社も奥さんにしても、そんなこと、とんでもない話で。

さだ　それが「夏 長崎から」の出演につながるんですね。先にその話をしてください（笑）。

永　それでも歌わないわけにはいかない。それで三波さんが、「永さん、昔、作詞をしていたでしょう」と言うから、「していました」と答えたら、「作ってほしい歌がある」と。

さだ　どんな歌なんですか、それ。

永　三波さんが言うには、「自分はいずれ元気がなくなる、いずれ三波春夫でいられなくなる、車椅子に乗るかもしれないし、ストレッチャーに乗るかもしれない。私の歌は、年を取るとどうにも歌えない。『俵星玄蕃』なんか無理だ」と言う。で、「お年寄りから子どもまで、みんなの歌える歌を歌いたくなった」と。つまり、自分が病気になっても、車椅子でステージ出ていって、そこで歌ってふさわしい歌を作れないかと言うんだ。それで作ったの*16。作ったんだけど作った時にはもう、がんが進行していて、吹き込んだあと、ほどなくして亡くなっちゃった。その時に、三波春夫さんでもそう思うんだと思った。

さだ　みんなが歌える歌を歌いたい……。歌い手という仕事はいったい何なんですかねぇ。

永　NHKでよく歌の特集をしているでしょ？　そうすると、比較的、僕の作詞した歌が最後で歌われる。みんなが並んでね。派閥を超えてと言ったらおかしいけど。それである時、歌番組の収録の際に、五木ひろしがやって来てね、「今日も永さんの歌を最後に歌います」と言う。

さだ　『上を向いて歩こう』[*17]に『見上げてごらん夜の星を』[*18]……名曲揃《ぞろ》いですもんね。

永　で五木がね、「僕にはみんなで歌える歌がひとつもないんです」と。ああ、そうかと。

さだ　なるほどなぁ。

永　声をそろえて合唱すると救われるけど、ソロだと救われないというのもあるでしょう？

さだ　ありますね。

永　それを、歌手を生業《なりわい》としている人たちは、考えているんだろうかと時々思うんですよ。

さだ　本当だ。でもやっぱり、歌いやすい歌と歌いにくい歌がありますよね。歌いやすい歌が当たっちゃうと、たいがいその人は一発で終わってしまいます。歌いにくい歌が当たったほうが、長持ちするんですよ。だから三波さんも五木さんも、ずっと一線なんです。

上を向いて歩こおぅおぅお

永　『上を向いて歩こう』で思い出したけど、あの歌を作った時、坂本九[*19]に「あの歌い方を辞めろ」と言ったことがある。

さだ　坂本九さんに歌唱指導したんですか？

永　その「おうおうおう」というのをやめろと言ったの。

さだ　「上（うへぇ）を（ほ）向いて（むふいて）歩こお（ほ）ぅおぅお」の「おぅおぅお」ですか？　我ながら似てるなあ（笑）。

永　坂本九に言ったの。「俺は、『上を向いて歩こおぅおぅおぅお』とは書いてない。『おぅおぅお』に大事な意味はない。だからその『おぅおぅお』をやめろ」って。

さだ　九さん、なんて言ったんです？

永　そしたら、「永さん、この『おぅおぅお』の中にしか、自分をいかせる場所はない。あとは全部、永さんの場所じゃないですか」って。

さだ　あぁ。いいこと言うなあ、坂本九さん。永さんもそれで納得したんですか。

永　ああなるほど、と思った。

さだ　そうなんだ。やっぱりその頃の歌手ってすごいですね。戦っているんだ、作詞家や作曲家と。

永　そうだろうね。

さだ　僕も戦っていますけどね(笑)。作詞家と作曲家と歌手の自分が、自分の中で常に。作詞家・作曲家の自分は、「このさだまさしって歌手は歌が下手だな」と思いながら作っていますからね(笑)。歌手の自分は、「何だ、このメロディは！この程度の曲、ちゃんと歌えないはずがないっ」と思いながらステージに立っていますよ（笑）。

永　あなたの歌には、みんなで歌える歌がある？

さだ　うーん、あんまりないですね。一部分は歌えても、全員で合唱という感じじゃないなあ。詞も難しいし、暗い曲が多いから……。『北の国から』[*20]ぐらいですかね、皆で歌えるのは。皆で「あーあー」って言ってれば済んじゃうから（笑）。

『ふ』？　聴いたことない（笑）

永　あの合唱というのは、どうもだめだね。

さだ　皆で歌える歌っていいね、という話だったんじゃ……（笑）。

永　僕は嫌だ。

さだ　あらら。

永　だから『君が代』も合唱しないの。歌う時も、唇が見えないようにしている。だって詞と曲が合っていないから。「きみがよ」じゃなくて、「きいみいがあよお」と歌ってるんだから。外国人なんか特にわからない。

さだ　独特のノリですもんね。
永　だけど坂本九は、「おぅおぅお」には「僕をいかせる場所がある」と言った。
さだ　「きいみいがあよお」にもきっと日本人の生きる場所があるんですよ。あっ、そういえば僕の歌に皆で歌える曲がないって言いましたけど、歌ってほしい曲はありますよ。
永　何？
さだ　『ふ』[*21]です。永さんに詞をいただいた曲です。しあわせだと思った人が、実はふしあわせで、ふしあわせだと思った人が実は、しあわせだったという……。あれはいい詞ですよ。でも聴いたことないでしょう、さだまさしの『ふ』。
永　聴いたことがない（笑）。
さだ　なかなかいい歌ですよ、あれ。でもどうして自分で詞を書いておいて、一度も聴いてくれないんですか。
永　嫌なんだって、だから。
さだ　照れくさいんですね（笑）。

永　うん、恥ずかしい（笑）。

さだ　ずうずうしいようで照れ屋なんだから（笑）。

対談後記1

永六輔に初めて褒められた!

永六輔さんと僕を引き合わせてくれた恩人の宮崎康平先生は、僕が島原でコンサートをやると、毎回聴きに来てくれました。それも決まって前から5列目のセンター。

宮崎先生が亡くなったのは、1980年3月16日のことです。初七日の日だったと思いますが、島原でのコンサートとちょうど重なりました。永さん、わざわざ東京から駆けつけてくれましてね。宮崎先生が座っていたはずの5列目のセンターで、僕の歌を宮崎先生の代わりに聴いてくれました。その日の晩は、永さんと大村湾に浮かぶ詩島《うたじま》——最近は、長崎市公式観光サイトでも紹介してくれているようですが——に行きまして、ひと晩中、宮崎先生の思い出やあれやこれや、語り明かしました。

永さんは褒められるのも嫌いですが、人を褒めることも嫌いです。永さん独特のバランス感覚もあるんでしょうが、誰かを褒めていると必ずくさす。逆に、誰かを批判していると別の視点をぶつけてくる。

で、その晩、本当にちょっとだけ褒められました（と僕は思っています）。

「まさしみたいな好き勝手に歌を作るヤツが出てきて、歌の楽しみの本質が変わった。詞を書いたヤツが歌うほうが、歌は伝わる。だからもう俺は作詞をしない」

この言葉は、考えてみると、ずっと僕を支えていてくれたような気がします。

さてその翌朝です。気持ちよく顔を洗っていたら、突然、永さんに怒られました。

「まさし、そんなことしちゃだめだ！　顔を洗わなかったせいで死んだヤツはいないんだから、顔なんて洗っちゃいけない」

恩人でもある永さんの言葉ですからね、素直な僕は守り続けました。

何年か経《た》って、永さんにバッタリ会ったので、あれ以来、顔を洗っていないことを報告じました。すると、永さん。

「あなた、どうしてそんな不潔な男になってしまったの」

こういう人なんです、永さんは。

まさし　拝

「好奇心と行動力で人を寄せ集めてしまうんですね」（さだ）

「まさし、君はまだ無名だ」

永　不思議なことだけど、人を1人はさめば、必ずあなたにつながるよね。

さだ　何でも、6人つながれば、大統領にも会えるそうですからね*22。でも、宮崎康平先生もそうですけど、永さんに会うには、ひとりつながればいい（笑）。

永　僕はそんな有名人じゃないけどね。

さだ　何をおっしゃいますか！　有名人ですよ。

永　誰が？

さだ　永さんが。

永　だってこないだね、ラジオのレポーターが、道行く女学生に「永六輔って知ってる?」って尋ねたら、「はい、知ってます」って。

さだ　ほら。

永　で、「どういう人?」って聞いたら、「たしか桜田門で殺された人ですよね?」だって。

さだ　それは永六輔じゃなくて、井伊直弼[*23]（笑）。でも永さんにはいろんな人を紹介してもらったなあ。淀川長治さん[*24]もそうでした。

永　同じ誕生日だから。

さだ　これ、言うと皆驚くんですけど、僕と永さんと淀川長治さんは同じ誕生日。4月10日生まれ。で、イラストレーターの和田誠さん[*25]も同じ4月10日。ついでに和田さんの奥さんの平野レミさんも交えて、「4月10日会」を作った。ある時、「4月10日会」の面々と、そして淀川長治さんと寿司屋でご一緒した。

永　うん。

さだ　たしか、おすぎ[*26]が音頭をとってくれたんですよね。でも大変でしたよ

（笑）。永さん、「まさし、あのネタやって」って無茶ぶりし続けるんですから。俺は噺家じゃないっつうの。まあ求められればやりますが（笑）。で、天下の淀川先生の前で、延々喋り倒した。僕はその夜、翌日のコンサートのため、中座したんです。そしたら淀川さん……。

永　「彼は面白い若者だね。誰？」って（笑）。

さだ　永さん、喜んだでしょ？　だってすぐに、永さんからハガキが来てこう書いてありましたもん。〝まさし、君はまだ無名だ〟って（笑）。

倉本聰との〝気持ち悪い〟縁

永　4月10日で思い出したけど、倉本聰[27]は何月何日生まれだか知っている？

さだ　また飛びましたね（笑）。で、いつなんですか？

永　4月11日[28]。

さだ　へえ。

永　生まれた場所が順天堂医院。僕が生まれた部屋で生まれたの。

さだ　同じ部屋で？

永　産室が一緒だった。

さだ　あれ？　いくつ年が違うんですか？

永　同い年[*28]だよ。

さだ　じゃあ、まるっきり同じところで、1日違いで生まれたの？

永　そう。それを知った時に倉本と、「えっ、気持ち悪い」と（笑）。

さだ　嫌ですね、それ。同じ部屋で、1日違いで永六輔さんと倉本聰さんが生まれたんですか。ちょっとそれは気持ち悪いなぁ……。気持ち悪いけど面白い（笑）。

永　そういう気持ち悪い話はあるんだよ、いっぱい。

さだ　ちょっとそれ、今度ネタにしますよ、僕（笑）。

永　どうぞ（笑）。

さだ　以前伺った、永さんと渥美清さんが幼馴《なじ》染み、という話以来の衝撃だな。

渥美清は「浮浪児のあんちゃん」

永 渥美清さんとは幼馴染みって言うより、浮浪児仲間だったの。

さだ 永さんが浮浪児？ だって浅草のお寺のお坊ちゃん[*29]でしょ？

永 僕がっていうか、僕の仲間が全部、浮浪児。焼け跡から鉄クズを拾い集めて、上野駅の外れに持っていくと、怖いあんちゃんが全部お金に換えてくれる。

さだ そうか、金属を買ってくれるんですね。

永 それを取りまとめていた仕切り屋が、田所康雄という。

さだ 名前出しちゃっていいんですか？

永 うん、いいの。でも鉄クズっていっても、人のもんだから。

さだ ああ、そうか。盗みになる。犯罪だ。

永 で、ある時、お巡りさんが来て、仲間が一網打尽に捕まった。

さだ 大変だ。

永 そしたらその時、捕まえにきたお巡りさんが、田所に向かってこう言ったの。「お前の顔は悪いことをするのには似合わない。一度見たら忘れない。一度見たら忘れない顔は役者になったほうがいい」。で、「浅草に紹介してやるから」と言って、田所は浅草のフランス座*30へ連れていかれた。当時のフランス座は井上ひさし*31が舞台監督をやっていて。それで田所が、「渥美清」*32になった。

さだ えーっ、そういうことだったんですか。なるほど、特徴的な顔だから泥棒には向いていないと。

永 粋です。あのお巡りさんは本当に粋だった。

さだ あら？ 永さんは？

永 「お寺のお坊ちゃんがこんなところにいちゃいけない」と言われて、おとがめなし。他の仲間は皆、捕まっちゃった。でもこの時の田所の関係があるから、『夢であいましょう』*33でまた一緒に仕事をすることになる。

さだ 『夢であいましょう』には黒柳徹子さんも出ていましたよね？

永 チャック*34も放送じゃないんですよ、つながるのは。

さだ え？ ラジオとかテレビでつながったんじゃないんですか？ 徹子さんと。

永　この話、長いよ（笑）。

さだ　大丈夫です、僕も話は長いですから（笑）。

マリリン・モンローとジョー・ディマジオ

永　昭和20年代、30年代というのは、NHKにGHQの情報局というのが入ってきて、それが映画とかラジオとかテレビをアメリカ風に指導するわけね。そんな最中に、ジョン・カッティングというウォルト・ディズニー・プロダクションの人間がやってきた。『バンビ』、『わんわん物語』とアニメ映画の日本語吹き替え版を作るというんで、そのオーディション。

さだ　永さんはどう関わるんですか？

永　ジョン・カッティングのアシスタント。この吹き替え版に三木鶏郎さん*35が関わっていたからそのつながりで。

さだ　つながりますねぇ。でもやりたい放題だったでしょ？

永　ほぼやりたい放題（笑）。どこへ行っても俺がいちばん若いんだもん。年配の人は戦争でいなくなっているし、いても気力を失っているから。

さだ ああ、そうか。戦争が終わってみんなへとへとだから。

永 カッティングが何をやったかというと、帝国ホテルの自室にこもって、ずっとNHKラジオを聴いているの。

さだ ン？ 何のためですか？

永 これがオーディションなの。ラジオの音で何時何分というふうに書き出したメモがこっちに回ってくる。その時に声を出していた人を使いたいわけね。それで僕が交渉に行ったりするわけ。例えば『わんわん物語』のブルドッグの声を探している時に、たまたま政見放送だか国会中継を聴いて、カッティングが「こいつだ」と。で、調べてみたら政治家の浅沼稲次郎*36だった。

さだ 浅沼ってあの日本社会党の委員長をやった？ で、交渉に行ったんですか。

永 行った。カッティングに「政治家だからだめです」と言ったら、「ギャラで何とでもなるはずだ」と言うから。

さだ それ、いいじゃないですか。結果は？

永　断られた。「今はそれどころじゃない」って。でも、この時の交渉が生きていて、TBSラジオでディズニーが『わんわん物語』をやった時に、ブルドッグの声は浅沼稲次郎がやっている。

さだ　え？

永　浅沼稲次郎がやったの。

さだ　本当に？

永　本当に。

さだ　えーっ。

永　さっきからいろいろ好き勝手言っているけど、だいたい本当だよ。

さだ　わかってます、わかってますって（笑）。嘘《うそ》だと思ってないですけど、あまりにも意外だったものですから。そうか、すごい。

永　その当時、カッティングが定宿にしていた帝国ホテルというのは米軍の将校しか入れないわけだ。俺はアシスタントだから入れた。

さだ　永さん、何でもありですね（笑）。

永　ちょうど帝国ホテルに通っていた頃、そのホテルにジョー・ディマジオとマリリン・モンローが来たの[*37]。

さだ　ああ、例の新婚旅行で。で、会ったんですか？

永　見ただけ。

さだ　いいな、見たんだ。どうでした？　マリリン・モンロー。

永　やっぱりハリウッドのスターというのはこうかというのがあって。

さだ　違うオーラがありました？　ジョー・ディマジオは？

永　ジョー・ディマジオは普通のおじさんだった。

さだ　そうなのか。って永さん、黒柳徹子さんが出てきません（笑）。

黒柳徹子に「ごめんね」事件

永　チャックはその頃、ＮＨＫラジオで、『ヤン坊ニン坊トン坊』[*38]というラジオドラマの主役をやってたの。カッティングがそれをラジオで聞いて、「あの声がいい」と言うので、白羽の矢が立った。オファーを出したんだけど、でも結局、寸前で別の声にカッティングが惚れてしまって、だめになった。それで、カッティングから、「次のチャンスがあるから、と伝えてくれ」と言われて、お詫《わ》びに赤い革のハンドバッグを届けにいった。これが初対面。

さだ　黒柳徹子さんに「ごめんね」と。

永　うん。黒柳君はそのことを覚えている。だから放送以前からの付き合いなの。

さだ　なるほどな。面白い！　その辺の話は聞いていてわくわくしますね。だってテレビもラジオも草創期ですもんね。

永　やっぱり、三木鶏郎さんのところにいたのが大きい。

さだ　三木鶏郎ってまたすごい人ですね。

永　大変な人ですよ、あの人は。

さだ　だって日本初のコマーシャルソングを作った[*39]人ですもんね。コマーシャルソング、何曲ぐらい作られています？

永　何曲なんてもんじゃないよ、何千曲。

さだ　また何で三木鶏郎さんにつながったんですか？

永　中学、高校時代、ＮＨＫラジオの『日曜娯楽版』[*40]にずっとコントを投書していたの。

さだ　永さんがですか？

永　うん。それで高校卒業したら、三木さんの「トリロー文芸部」から連絡があって、『日曜娯楽版』のスタッフにならないかって。

さだ　高校卒業したってことは、大学生ですよね？

永　早稲田大学生だった。

さだ　若い頃から何かあったんだろうな、永さんって。何かすぐ見込まれるじゃないですか、そうやって人に。

永　年寄りにね（笑）。で、三木鶏郎さんが民放のラジオ番組を制作する会社を作ることになって、それが「冗談工房」。民間放送が始まった頃で、番組を制作できるのはＮＨＫしかなかった。だから民放用に、冗談工房を作ったわけ。僕、学生の時分でここの社長になったの。

さだ　いきなり社長ですか？　すごいじゃないですか。

永　そういうの、すごいのか？

さだ　それすごいですよ。だって今、番組制作会社、何百あると思います？　それの記念すべき第1号ですよ、それ。今、話を聞いた限りでは間違いないですよ。

永　その冗談工房の一員だったのが、同じ早稲田の野坂昭如*41。

さだ　野坂さんも放送作家ですか？

永　野坂は経理担当の専務。

さだ　えっ？　野坂さんが経理？

永　似合わないでしょ？　結局、野坂の使い込みがひどくて会社が傾いた（笑）。あなたは気づいているかもしれないけれど、野坂のエッセイに僕が登場することがある。すると必ず、「天才・永六輔」と褒めている。

さだ　その時のことがあるから褒めざるを得ないんだ（笑）。

永　うん。それでチャラ。で、野坂が会社を追い出され、傾いた会社にやってきたのが、早稲田の露文にいた松延君。「露文に才覚のいいのがいるから」って紹介されて。これがのちの五木寛之。結局、冗談工房は潰《つぶ》れちゃったけど。

さだ 五木寛之さんまで登場するんですか? 早稲田は人材の宝庫なんですね。

早稲田という不思議な磁場

永 話が逸《そ》れるかもしれないけど、その頃の早稲田大学は本当に面白いヤツが集まってたの。まず俳句研究会に大橋巨泉*42がいるでしょう。短歌の研究会には寺山修司*43。そして小沢昭一*44を中心とした落語研究会。あなたは知らないかもしれないけれど、落研を日本で最初に作ったのは、小沢昭一だから。

さだ えーっ、僕、落研出身ですよ? 僕らの頃は高校にもありましたけど。

永 今は日本中の高校、大学にあるけど、小沢昭一が作るまでどこにもなかった。この頃はまだ、小沢昭一と知り合っていないけど、落研の会があると、皆誘い合わせて行きました。場所は、早稲田の大隈講堂の下にあった小劇場。そして大隈講堂でしばしばピアノコンサートをやっていたのが中村八大*45。

さだ 何かドラマがありますね。

永　中村八大さんというのは早稲田の文学部なんだけど、何で早稲田の文学部がピアノを弾いてるかというと、彼は最初、芸大の付属の学校にいたんです。ピアノは好きだから、習わなくたってできる。

さだ　弾けちゃうんだ。うまいからな。

永　そこで、音楽にいちばん遠い世界、音楽と縁のない大学はどこかと探したら、早稲田に行き当たった。それで早稲田に来るんですよ。それで会うんだ、俺が。

さだ　ちょっと年齢が上ですよね、八大さんのほうが。

永　学年で3つ上。この当時、学費を納めないと、大学の掲示板に、「右の者、月謝未納につき……」って名前が張り出されたの。

さだ　だーっとね。

永　そこにいつも中村八大さんが張り出されていたの。「あ、また八大さんが張り出されている」って見ると、その隣に俺が張り出されている（笑）。俺はお金がなかったからだけど、八大さんはお金がないんじゃなくて、ジョージ川口率いるジャズバンド「ビッグフォー」*46のメンバーだから忙しくて払いに来られない。

さだ　なるほどね。

永　僕と八大さんは月謝未納の張り紙つながり（笑）。だから第1回の「レコード大賞」で、中村八大が作曲、僕が作詞の『黒い花びら』*47が大賞を受賞した時、中村八大、永六輔と並んで名前が書いてあるのを見て、お互いに肘でつつきながら、「学校の張り紙で並んでいたよな、俺たち」って（笑）。

中村八大に会うなり、部屋に連れ込まれ…

さだ　でも、どうして永さんは中村八大さんの詞を書くようになったんですか。

永　「東京ヴィデオ・ホール」という劇場があったんですよ、有楽町に。そこでしょっちゅうジャズコンサートをやっていた。そのジャズを聴きに通っていたんですよ、僕は。

さだ　八大さんのじゃなくて？

永　じゃなくて、ジャズ。戦後、戦争が終わってGIが威張っているみたいな頃だからね。僕は鉱石ラジオでずっとジャズを聴いていたし。

さだ はやりの音楽じゃないですか。

永 そのホールからの帰りに、憧れのジャズピアニスト、八大さんとバッタリ出会った。「あ、中村八大だ」と思ったら、「君、よく来ているね」と声をかけられた。唐突に、「作詞したことある?」と聞いてくるから、「ないです」と言うと、「じゃあ、やろう。これからうちに来て」と三田のアパートに連れて行かれた。

さだ 八大さん家《ち》ということ?

永 八大さん家。「俺が曲を作るから、それにはめ込んで歌詞を書いてくれ」と言われて、朝までに10曲仕上げた。その中の1曲が「黒い花びら」。水原弘*48の歌であっという間に巷に浸透し、50万枚突破してしまった。

さだ ちょっと待ってください。いきなり会うなり、部屋に連れ込まれて、そこで生まれて初めて作詞したら、そのうちの1曲が50万枚突破して、レコード大賞受賞したんですか? 八大さんも無茶な人なら、それをやっちゃう永さんも無茶(笑)。無茶苦茶です。

永　僕は八大さんが譜面をどんどん作っていくから、それに字を埋め込んでいっただけ。

さだ　永さん、譜面は読めたんですか？

永　その話をすると長くなるけど。

さだ　もう慣れました（笑）。

映画の検尺の係は大変

永　八大さんに会う前──冗談工房を始める前に、黛敏郎[*49]、芥川也寸志[*50]、團伊玖磨[*51]の3人と仕事をしていたの。

さだ　ちょっとまた一気に話が広がるじゃないですか。しかもみんな大物ですよ。

永　その3人が「三人の会」というのを作っていたんだけど、当時、日本の新しい映画の映画音楽はほぼこの3人が手がけていて……。ところであなた、「検尺」って知ってる？

さだ　知りません。

永　例えば、主人公が歩いてきてドアを開ける。入ってドアを閉める。ドアが閉まったら、音楽がやむとしましょう。そうすると、どのくらいの長さの音楽を入れるか、計算しなければいけない。何コマあるか数えるのが検尺。ムヴィオラという機械で計ったんだけど、今、その機械を知っている人、いるかな。尺を数えてそれを作曲家に届けるの。

さだ　へぇ、尺を数えるんですね。

永　つまり俺が計算を間違えると……。

さだ　合わないんだ（笑）。でも何で永さんが検尺の係に？

永　三木鶏郎さんは映画音楽も手がけていたから、そのつながりで。「検尺やれるか？」と聞くから「やれます」と即答したら、全然できなかった（笑）。オロオロする僕を見かねて、黒澤組のスクリプターのノンちゃん（野上照代）*52が優しく教えてくれた。そのうちに、腕も確かになり、例の3人組から仕事を頼まれるようになって。

さだ　また見込まれたんですね、年上に（笑）。なるほど、膨大な数の譜面をやり取りしていたから、そのうち譜面も読めるようになってしまった、ということですね。

永　で、話が飛ぶけど……。

さだ　はい（笑）。

永　3人組との仕事が面白いの。

さだ　当代一流ですからね。

永　團伊玖磨さんという人は、僕にお小遣いをくれる。

さだ　いい人じゃないですか。さすが、『パイプのけむり』[*53]。

永　芥川也寸志さんは……嫌な人じゃないけど、何もしてくれない。食事の時は、自分だけ先に食べて残ったらくれる。黛敏郎さんは、スポーツカーを駆って、銀座に飯を食べに行く。もちろん、僕も一緒。黛さんは、『題名のない音楽会』[*54]を始めた人だけど、病気で急逝するでしょう？

さだ　はい。そうでしたね。

永　あの後、司会をつないだのは俺だよ。

さだ　知っていますよ、もちろん。あっそうか、銀座の恩義なんだ（笑）。

永　それははっきりしているの。ご馳走になったから（笑）。

石井好子への一宿一飯の恩義

さだ　永さん、義理堅いですね。

永　まだあるよ。石井好子さん*55って、シャンソンソンのね。

さだ　石井好子さん。日本のシャンソン界を代表する歌手ですね？

永　あの人、お父さんが石井光次郎*56といって、久留米出身の政治家なの。昔の政治家というのは、代議士になると、ふるさとから「これは」と目を付けた若者を書生にして呼ぶ。それはわかるでしょう？

さだ　はい、わかります。

永　石井好子さんの家は都内にあるんだけど、そこで八大さんが食客をしていたことがある。

さだ　あの八大さんが。

永　あの人は久留米育ちだから。それで八大さんが「うまいものが食えるからおいで」と言うから、のこのこついて行った。当時皆が腹の減っている時代。本当にうまいものが食えるとわかったら何でもします。

さだ　何をしたんです？

永　石井家では、久留米弁を使わないとご馳走が食えない（笑）。

さだ　そうか、「郷土の若者」を招いているという形なんだ。

永　だから必死に久留米弁を覚えて、久留米弁を使って飯を食いに行っていた。それがあるから、好子さんが亡くなるまで、NHKホールでやっていた「パリ祭」、ずっと司会を僕がやっていたの。本当は俺、嫌だったの、シャンソン。好きじゃないから（笑）。

さだ　ああ。一宿一飯の恩義なんだ。

永　そう。それもずっと好子さん、言い続けるんだ。「あなた、昔うちに来てよく食べたのよ、そのことを思い出しなさい」って。「やります」って頭を下げるしかない（笑）。好子さんにはずっと頭が上がらなかった。何かあるとあの人、呼び出して僕のことを怒る（笑）。

さだ　いい話ですね、それ。しかしその人脈すごいな。

永　時々そう思うの。何で俺はこんなにいろいろな人を知っているんだろうって。ジャンルも畑も違うのに知り合いが多い。勝手につながっていっちゃう。

さだ　ジャンルの違う人と人がつながる。そうすると仕事になっちゃうわけですね。

永　仕事になっちゃう。

さだ　そこだ、人のつながりだやっぱり、仕事って。テレビの草創期に現場にいたということはすごいことですね。

永　そうなんだよね。

トラックの運転手だったいずみたく

さだ　そういえば、八大さんとの出会いは伺いましたけど、いずみたくさん*57とはどうやってお知り合いになったんですか？

永　それが出会いに恵まれていたというか、いずみたくさんと知り合うのはもっと偶然。三木鶏郎さんの事務所の前に、通りを置いてキスミー化粧品の会社*58があったの。そこでお昼休みになるとアコーディオンを弾いて「うたごえ運動」*59をやっているヤツがいた。それがいずみたくさん。

さだ　いずみたくさんが？　アコーディオンを弾いていたんですか？　路上で？

永　うん。彼はその当時、トラックの運転手をやっていたの。で、俺、やじ馬だから、アコーディオンを弾いているのを見に行って、「あの人、面白い人だな」と思って。

さだ　その嗅覚がすごいですね。

永　それで本人と話をしたら「音楽を作る」と言う。三木鶏郎さんはその頃、コマーシャルを下請けに出していたから、「鶏郎さんに紹介するから」と言って鶏郎さんに引き合わせたの。

さだ　じゃあ、仕事を紹介したんですね、いずみたくさんに。それが『見上げてごらん夜の星を』のミュージカル*60までつながっていっちゃうんだ。いやあ、すごいな。出会ったのは、まだ永さんが学生時代？

永 学生時代。いずみたくさんって面白い人で、ここの前に、鎌倉アカデミア*[61]という学校にいたの。彼が一期生。ここから、山口瞳さん*[62]とかたくさんの作家が出た。前田武彦さん*[63]もここの出身です。そういえばあなたと私の誕生日が同じだって話が出たけど、中村八大さんといずみたくさんも、同じ誕生日。

さだ そんなことってあるんですか。

永 年はいずみさんが一個上だけど、どちらも1月20日生まれ。2人はライバルでもあったけど、大の仲良しだった。

人と人とのターミナル

さだ もういろんなところで人がつながっていきますね。これはあれだな。やっぱり永さんの行動力があると思うな。好奇心といったらいいのかもしれないけど、あちこちに顔を出して、ひょいと面白い人や、面白いことを引っ張って来るじゃないですか。何か理由があるんですかね。

永　寺でしょう。寺であることと浅草であることが大きい。檀家《だんか》に職人や伝統芸能の関係者が多いの。

さだ　ああ、浅草だからそういう芸能の人たちと関係が深いんですね。

永　浅草だからね。もともと相撲部屋とも関係が深いんだけど、元力士だった力道山*64っているでしょ?

さだ　熱狂した口です。

永　じゃあハロルド坂田*65って知ってる?

さだ　有名なプロモーターですね。力道山ともコンビを組んで戦っていましたね。

永　あの人の奥さんが、うちの檀家だったの。それで、力道山とも知り合った。彼が偉いところは、「相撲を取っていた仲間やレスラーで、体を壊した連中がいっぱいいるんだけど、それをテレビで使えないか」と言ってきた。それで『夢であいましょう』に、ミスター珍*66とかユセフ・トルコ*67が出ていたんです。

さだ　そういう理由だったんですか。

永　彼らは体を鍛えているから、「走っていって壁にぶつかって真っすぐ倒れてくれ」なんてコントの指示を出すと、「へのかっぱです、そんなこと」とやってくれる。

さだ　見事なほど、どんどんつながっていきますねぇ。

永　つながっていっちゃうんだよね。自分でも不思議に思う。

さだ　永さんは大きなステーションですね。言ってみれば、ターミナル。永さんの好奇心と行動力に吸い寄せられて、みんなそこに集まってきちゃうんだな。

対談後記2

ワインを贈ったら届いたハガキ

淀川長治先生との夜はいまだに忘れられません（なにせ新幹線の最終ギリギリまで丸3時間喋り続け、東京・八重洲の街をホームまで走りましたからね）。

淀川先生はその席で、こうおっしゃいました。

「僕は、悲しいことも、苦しいことも、つらいことも、たくさん経験してこれまで生きてきましたが、生まれてきてよかったと思っています。母に生んでもらってよかった。誕生日は、自分を祝うのではなく、生んでくれた母を想って過ごす日だと、決めています」

私はすぐに、自分の心の中のメモ帳にメモしました。「ああ、良い言葉だな」と刻み込んだんですね。ところがちらっと永さんを見ると、感動したふうではない。淀川先生とのお付き合いが長いので、もう聞いていた話なのかもしれませんが、こういった誰もが気づく〝心に残る言葉〟にはアンテナが動かなかったのかもしれません。

永さんの『大往生』をはじめとする聞き書きシリーズは、決め台詞と決め台詞の合間の、はからずも口にしてしまった言葉を拾っています。

〈別れ方がうまい人は、死に方もうまいのかなァ〉（『大往生』）

こんな言葉をキャッチできるのは、世界広しといえども永さんしかいません。

この夜も――ここでも登場していますが――「彼は面白い若者だね。誰？」という言葉を永さん、しっかりメモしてるんですから。そしてそれをハガキにしたためすぐに送るという几帳面さ。永さんからは、事あるごとにハガキを頂戴しました（ご家族の方にお話を伺ったら、年間4万通のハガキを書いて出していたそうです）。

借金返済の目鼻がついてきて（金利を含めると35億円の負債でしたが……）、気分が良くなったんでしょうね。ふと永さんを思い出して、奮発して高いワインを贈ったことがあります。そしたらすぐにハガキが届きました。

「思いつきで、なんで、こんなワインをよこすんだ」

そうなんです。永さん、お酒を飲まない方でした……。

まさし　拝

「訳わからない病気だけどリハビリは頑張ってる」(永)

永六輔はなぜ飽きっぽい？

永　ところで聞くけど、何であなたとこうして話してるの？

さだ　僕が永さんのお話を聞きたいからじゃないですか。

永　俺の話、面白い？

さだ　面白い。間違いありません！

永　何を面白いというのか、何をつまらないというのか、僕はわからなくなってね。最近は、ひどくつまらないものを皆が「面白い」と言う。

さだ　わかります。

永　そういう意味では、あなたとの会話は、壮大につまらないものかもしれない(笑)。だからこそ、僕には面白いけど。

さだ　いいんです、それで(笑)。永さんが面白いと思うことを存分に語ってください。

永　俺、ポンポン返せないよ？　病気だから。

さだ　いいんです、それで。

永　僕がいちいち「病気です」と言うのは、ほら、病気になる前からいろいろ手を出しては飽きてるから。

さだ　すぐ飽きちゃうからな、永さん(笑)。すぐ飽きるでしょう。

永　うん(笑)。

さだ　昔からですか、その飽きっぽいのは。ところで何で飽きるんですか？

永　これは……(思案中)。

さだ　急いで選ばないでいいですよ、言葉を。

永　……絵描きになろうと思ったの。

さだ　絵描き？

永　うん、画家。もともと絵を描くとうまいんだよ、すごく*68。でも描けちゃうから。

さだ　ある程度できるようになったら、もういいやと飽きちゃうんだ、永さんは。

永　嫌なの。

さだ　動きだしたらもう、いいんですね。

永　それに、やり続けると「くたびれはてる」ということもある。ある時代、時代の寵児《ちょうじ》になった人、時代をつくった人を見てきたけど、あるところまでいくと、次から次にくたびれていくというとおかしいけれど……。

さだ　たしかにそれはありますが。

永　世の中に受け入れられなくなっていく。それを端から見ていて、そうなる前にやめちゃいたいというのもある。もっと小さいことでも、例えば石を彫るというのがあるでしょ。いいなと思ったら、すぐに彫りに行く。焼き物がいいなあ、と思ったら焼きに行く。

さだ この行動力（笑）。

永 変な話、やってみるとできちゃう。

さだ ああ、できちゃうんだ、この人。できちゃう人なんだ。

永 できちゃうから飽きてしまう、というのもある。あなたを前に変な話だけど、歌も歌った。

さだ 全国を回っていましたよね、コンサートで。

永 だって自信があるでしょう？ 野坂昭如と小沢昭一と3人一緒でやったんだけど、武道館が満員になったりね*69。

さだ そうですね。面白かったですね、あの頃は。無茶苦茶で。おいくつぐらいだったんです、あれは？

永 あれはいくつだろう？ 40代かな。「中年御三家」と呼ばれてたから。

さだ 本当にやりたい放題なんだから（笑）。

「あとはお前やっておけ」

さだ　やりたい放題と言えば、尺貫法事件[*70]もありましたね。すごい大騒ぎでしたもんね、あの尺貫法に関しては。でも、動いたじゃないですか、結局世の中が。

永　うん。

さだ　それに、「米穀通帳」[*71]をおやりになったでしょう。

永　変なことを覚えているね（笑）。

さだ　覚えてますよ。「米穀通帳のないヤツは米を買えないという法律になっているのに、なぜ持ってなくても買えるんだ」という話は、僕は前に、永さんに面と向かって、滔々《とうとう》とされたことがありますよ。

永　米穀通帳は使ってないのにずっと政府が作り続けていたんですね。

さだ　ねえ、誰も使ってないのに。

永　通帳制度が廃止になってからも毎年、莫大な予算で作っていた。

さだ　無駄な金の使い方ばかり。

永　予算の使い方がおかしいんです、日本は。東日本大震災の東北の予算もそうだけど、復興のお金がないかといったらあるんだよな。
さだ　あるんですよ。
永　いっぱいあるんだよ。
さだ　あるのに何で使わないんですか。
永　分配の仕方が決まらないんだよ。
さだ　それは平等思想の履き違いでしょう？
永　そうなんです。
さだ　何を平等というんですかね。
永　ちょっとこの話になっちゃっていいの？
さだ　構わないです。どこへいっても構わないです。
永　神戸、地震の時にね。
さだ　阪神淡路大震災ですね。
永　あの時も大変な募金が集まったんだけど、実際、現場に行ってみるとお金が回ってない。全然、動いてない。

さだ どうしてですか。

永 それを神戸市に問い合わせたら、「神戸市で保存しています」と言うの。「あるなら使ってくれ」と言ったんだけど、なかなかそうならないということがあった。それで、その場にいた人たちと、「これは絶対おかしい」という話になった。お金を俺にくれればすぐに現場に持っていって必要なことに使うのに、それができない。何とかしなくちゃってことで生まれたのが、「ゆめ風基金」[*72]という団体。今もやっていますけど。そういうことにいったん夢中になると、そっちへ、わーっといっちゃうんだよね。

さだ いきますね。それもただならぬ勢いですよね。

永 その代わり、ベースが見えてくると……。

さだ もう飽きちゃうんでしょ？ 「俺はもういいや、あとはお前やっておけ」って(笑)。

永 うまく誰かにバトンタッチできればね。

さだ　何でも押しつけてください(笑)。

東日本大震災後に立ち上げたプロジェクト

永　震災の話で言うと、『夢であいましょう』のプロデューサーだった末盛憲彦さん*[73]の奥さん、末盛千枝子さん*[74]が盛岡でプロジェクトをやったの。彼女は、「すえもりブックス」っていう絵本の出版社をやっていた人で、絵本のプロデューサーでもあるのね。で、東日本大震災のあった月に、すぐに「3・11絵本プロジェクトいわて」*[75]を立ち上げた。被災地の子どもたちへ絵本を届けるというプロジェクト。

さだ　素敵な企画ですね。

永　僕もラジオで全国に呼びかけた。絵本を岩手に送ってくださいって。そしたら盛岡の図書館にものすごい量の絵本が集まった。届いたら、図書館の床が抜けちゃったの、重くて(笑)。

さだ　ええっ。

永　絵本って重いから。

さだ　ああ。日本中から集まったから。

永　うん。こういうことは飽きない。まだ冷めてない。

さだ　永さんらしいですね。自分のことにはすぐに飽きちゃうけど、困っている人がいたら動いちゃうんだ。

永　この間も、東北に行ったの。そうすると町の人たちが気を利かせて、「最後に永さんの歌を歌います」と言って、たいてい『遠くへ行きたい』*76を歌うんですよ。それがわかってるから、その前に僕が地元の人やボランティアを前に、『遠くへ行きたい』という歌の話をするわけ。

さだ　どんな話なんです？

永　今、私たち東北より西の人間は、ボランティアに行くだけじゃなくて、東北の温泉へ入りに行ったり、うまい酒を飲みに行ったり、うまい魚を食いに行ったり、いろいろな形で東北に行ってほしい。それが東北を助けることになる。

さだ　まったくその通りですね。そこの地に行って楽しむことが、住んでいる人たちを勇気づけるんだ。

永　「そういうことを実は歌っている歌があるんだけど、知ってる？」と皆に聞くんだけど、たいてい「知らない」と言う。だから歌うわけ。「どーこーか東北へ行きーたーい」。

さだ　『遠くへ行きたい』じゃなくて、東北へ行きたい（笑）。

永　盛岡市内の集会でやった時は、ドーンと笑ったんですよ。うけた。だから同じ岩手の花巻でやったら、シーンとして何の反応もない。俺、居場所がなくなっちゃったよ（笑）。

さだ　居場所がなくなっちゃうぐらいしらけたんですか？

永　笑ってはいけないという遠慮があったのかもしれない。

さだ　ああ、そういう遠慮があるのか。

永　震災の認識、受け止め方が、同じ岩手県でも違う。

さだ　東北のこのたびの震災のことは、被災地から離れれば離れるほど温度は下がりますからね。

永　うん。

さだ　時間が経てば経つほど、人の温度って下がるじゃないですか。福島なんか、「もう終わった」と思っている人が結構いますからね。まだ全然終わっていないのに。原発が危険なまま放置されているというのに。皆が関心をなくしていく。

上京するエネルギーが理解できない

さだ　しかしお話を聞いてると、やっぱり永さんのエネルギーには感心するなあ。

永　僕はあなたたちのエネルギーに感心する。だって僕は最初から東京・浅草の子でしょう。あなたは長崎から出て、東京に向かうわけじゃない。

さだ　急行列車で23時間57分かけて来ましたよ（笑）。

永　そのエネルギーって、東京育ちにはとても太刀打ちできない。若いときに東京へ目指して—東京じゃなくてハリウッドを目指してもいいけれど、東京に出てくるということは、一回、ふるさとを捨ててるわけでしょう？

さだ　うーん、捨てるというか……。東京しか生きる場所がないから仕方なく、という人もいっぱいいると思うな。地方では働く場所がないし、職業も限定される。「もっと違うことをやりたい」と思うと、その小さな町を出て、大きな街に行くしかないんですよね。それは博多でもいいんですよ、大阪でもいい。僕は、東京のバイオリンの先生に呼ばれたということがあったので、東京でなきゃいけなかったんですけどね*77。でも東京にいれば、逆に言うと何でもあるわけじゃないですか。

永 だから甘くなるんですよ。

さだ 甘いかな。

永 甘いよ。

さだ 甘いですか、東京は。

永 欲しいものが手に入りやすい。

さだ まあすぐ、何でもかんでも手に入りますが……。でも永さんは戦後のあの何もない東京を生きてこられたわけでしょ？

永 その頃の話というのは、説明できないよね。誰もが腹が減っていたというのは、きっと想像がつかない。

さだ　はい。今は幸せなことに、私たち日本人は「空腹」というのを知らないですからね。どうやったら痩《や》せるかの時代ですから。「結果にコミットする」って筋肉隆々になったりね（笑）。

皆、空腹だったから名番組が生まれた

永　空腹だったから番組もできた。

さだ　えっ、何ですって？

永　『夢であいましょう』のプロデューサーは末盛憲彦さんだったと話したけど、末ちゃんが集めたのは、僕みたいな無名の若者ばかり。皆、腹を空《す》かせてた。

さだ　でも『夢であいましょう』の頃は、すでに売れっ子放送作家だったでしょ？その前に、もう『光子の窓』*78もやってたんですよね？　あれは何年ぐらいやっていたんですか。

永　『光子の窓』は2年やっていたかな。

さだ じゃあ売れっ子だ。

永 有名だったのか、無名だったのか、売れっ子だったのか。そういう記憶はうまく説明できない。

さだ でもみんな永さんのことを知っていたでしょう。その当時のテレビの連中とか。

永 いや、そんなことないよ。NHKの受付で、「坊や、だめだよ、入っちゃ」と言われたことが何度もある。

さだ 本当に?

永 うん。そんなもんだ。それで、『夢であいましょう』に出ていた連中は、仕事もないし、腹も減っている。だから言われなくても、月曜からNHKにつめている。

さだ ああそうか、いれば飯にありつけるんだ(笑)。

永 皆、月曜からいるから、稽古するわけ。することがないから、嫌と言うほど稽古する(笑)。

さだ　あれ、生放送でしたもんね。
永　今のテレビとは作り方が違う。
さだ　違う。たしかに違う。きっと、今はテレビ番組が多すぎるんですね。あの頃はだって、バラエティっていったら『夢であいましょう』しかなかったですもんね。しかもその番組を永さんが作っていたんだから。
永　テレビが始まった頃、民放が始まった頃を知っているのは本当少なくなったね。
さだ　もういないですよ。それを知っていても筋道を立てて語れる人がいない。人のつながりとか。
永　もっと言うと、あの頃は放送だけでなく、いろんなものが少なかった。
さだ　そうか、メディアというものがほかになかったから。
永　ほかにないから自分で覗《のぞ》きに行く。宝塚でも寄席でも、歌舞伎でも。どこでも行けた。どこに行っても、「はい、お疲れさま」と言える。誰の紹介だとか、どこの人ということじゃなくて。

さだ　すごいことですね、それ。

「今日の自分」を見定めるのに時間がかかる

永　そう言えば話が飛ぶけど……。
さだ　どうぞ（笑）。
永　飽きる前にできなかったことがひとつだけあった。
さだ　何ですか、それ。
永　三味線。
さだ　三味線？
永　古今亭志ん朝（2代目）[*79]っているでしょ。
さだ　志ん生[*80]の息子ですね。
永　うちに志ん朝の三味線があったんですよ。志ん生経由で手に入れたもので、ただの三味線じゃない、志ん朝の三味線。
さだ　志ん朝の三味線というのはいいですよ。

永　僕、志ん朝大好き、小三治[*81]大好きという人間ですからね。それで三味線をやろうと思ってお師匠さんも決めたんだけど、結局手つかずでしたね。その頃から体調が悪くなってきた。あとでパーキンソン病だったとわかったんだけど。

さだ　ああ、そのせいですか。

永　白内障も患った。

さだ　白内障もですか。でも今は、パーキンソン病のお薬、ぴったり合っているんでしょう？

永　薬は合っているけど、むらがあるんだよね。

さだ　やっぱりむらがありますか。うちの母もひどい[*82]んです、もう20年前からずっとパーキンソン病で、薬が合ったり合わなかったり。もうすごく機嫌がよかった日もあれば、悪い日もあったりして。

永　そう。朝起きて「今日はどういう自分だろうか」ということを見定めるのに時間がかかる。

会話はリハビリになる

永　でも今日は元気、今日はちょっと元気なの。
さだ　すごくお元気ですよ。
永　ひどい時もあるんですよ。口を利きたくもないという。
さだ　ああ、今日はそうじゃない日でよかった（笑）。
永　今日は自分でも、「ああ、いろいろなことを思い出しているな」と思う。あなたが言うように、僕が知っていることや知っている人で、今、話をしておかないと誰も知らなくなっちゃうという……。
さだ　そうなの。その話はちゃんとしておいてくださいよ。
永　ということを思い出したら……。
さだ　すぐに電話ください。駆けつけますから（笑）。
永　それに、パーキンソンの病気のことをきちんと話しておきたいのね。おたくのお母さんもそうだけど。

さだ　はい、そうですよ。

永　ところが、きちんとしておきたいんだけど、パーキンソンって病気は本当に訳がわからない。でも多いんだよ、この病気で苦しんでいる人。ラジオの放送をやっているとわかるけど、いっぱいいる。悩んでいる人、痛がっている人……。

さだ　永さんみたいな人が。やっぱり声を上げることで、新薬も開発されるようになっていきますから。

永　パーキンソンは薬とリハビリだね。リハビリは本当に自分でよくやっていると思うぐらい頑張ってやっているんだけど。

さだ　偉いなぁ。

永　それは見本がいるから。

さだ　誰ですか？

永　その見本というのは長嶋茂雄*83。

さだ　でも長嶋さんはまた別の理由——脳梗塞を患われたんでしょ？

永　だけどリハビリして、喋れるようになったでしょう。歩けるようになったでしょう？　僕、あの人が書いた色紙を持っているんだけど、こう書いてあるの。「リハビリは裏切らない」。最近、それを見ながらリハビリに励んでる。今日もあなたと話しているのは、だからリハビリのつもりなの。

さだ　いいですね。じゃあ、リハビリに僕をどしどし使ってください！

永　はい。「はい」と言うのも変だけど（笑）。

対談後記3

永六輔のバトンはまだ渡せない

永さんは褒められるのが嫌だから、褒められる前に逃げる。だから「永さんを褒めない」人とはうまくいく。小沢昭一さんともそういう関係だったんでしょうね。

小沢さんとは、2度ほど、長時間お話ししたことがあります。

「君、トークが面白いから、僕も話をしたいと思って……」

歌手……での評価ではないんですね。あくまでトークの評価。

永さんもそうですが、僕らの先達は、「面白い！」と思った人間に、すぐに会いに行きます。事前に申し込むとか、約束するとか、そういうことじゃありません。思い立ったら吉日で、ふらっと訪ねる。一度、萩本欽一さんが、僕の楽屋にふらっと来たことがありました。面識がまったくない頃です。

「君ね、なんかね、嫌な予感がする。ボクが上にいる時に押さえつけておかないと先を行かれた時に悔しいから、会いに来たの」

気になるから押さえつける――なかなか言えない台詞です。あとで伺ったら、青島幸男さんに同じことをされたそうです。こうやってバトンを渡していくんですね。

僕も、もう何人の後輩にバトンを渡したことか。

でも永さんから受け取ったバトンだけは、今でもしっかり握りしめています。他人に渡すには重すぎるし、何より僕がまだ、受け取ったバトンの何たるかをわかっていない。今ようやく、永さんの生き方をトレースしているところです。永さんのバトン――もう少し時間をください。

まさし　拝

幕間に

9割は喋ってません！

こうやって永六輔さんとの対談を振り返ると、「ああ、永さんは〝永六輔〟というひとつのジャンルだな」とつくづく思います。

テレビ放送が始まった時代から放送作家をやっていた人であり、『上を向いて歩こう』をはじめとする作詞家であり、ラジオパーソナリティであり、素晴らしい歌手でもありました。『大往生』などのベストセラー作家であり、語り手であり、テレビにも出演するタレントでもありました。『男はつらいよ　寅次郎純情詩集』（1976年公開）には俳優として出演していますし、「浅田飴《あめ》」のTVCMでもお馴染みです。

もはや、永さんをひとつの肩書きで括《くく》ることは不可能です。オールマイティな存在です。〝マルチタレントの元祖〟と言っても過言ではありません（永さんはこう言われると嫌がるでしょうけど……）。

マルチであることは、永さんの武器のひとつでした。

私は歌手ですから、結局、歌うことしかできません。テレビやラジオ、本で伝えるといっても、永さんにくらべればたかがしれています。

永さんは、人に興味を持つと、「その人に足りないものは何か」と考えたそうです。で、自分の持っているもので補うことができるなら、援助を惜しまない。

そのひとつが、佐渡島発祥の和太鼓集団「鬼太鼓座《おんでこざ》」であり、「鼓童《こどう》」でしょう。

永さんはラジオで、「受験勉強に疲れた若者は佐渡へ来るとよい」と呼びかけ、「おんでこ座夏期学校」の開設に関わります。ラジオで呼びかけるというのは、永さんだからこそできたことです。そして、そこから「鬼太鼓座」が生まれ、さらには「鼓童」が誕生しました。

この2つを経て、現在、ソロの和太鼓奏者として活躍されているのが、林英哲さんです。僕と同い年ですが、永さん、林さんがソロに成り立ての頃、随分、アドバイスをしたそうです。

今回、永さんのお別れの会、『ばらえてぃ　永六輔を送りまSHOW』の夜の部で、僕は林さんとご一緒したのですが、その時に聞いた話です。林さんのソロコンサートを聴きに来た永さん。

「あなた、一生懸命で素晴らしいけど、そんな太鼓ばっかり叩いていたら、くたびれて体壊すよ。例えば、曲の合間に解説をするとか、太鼓の心得について語るとか、時間稼ぎをしないと、もたないよ。ほら、さだまさしなんかコンサートでは9割喋ってるから」

たしかに「歌う噺家」と言われておりますが、さすがに9割は言いすぎですよ、永さん。本当に話を大きく面白くして伝えるのがうまいんですよね、永さんは。

旅のベストソング『遠くへ行きたい』

多才多芸の永六輔さんですが、僕は改めて、「詩人・永六輔」のすごさに感じ入っています。

今回、詩人・永六輔を振り返るべく、『永縁《えいえん》～さだまさし 永六輔を歌う～』という永さんの作詞曲を集めたアルバムを作りました。なぜこんなわかりやすい言葉で、深い世界が描けるのか。永さんの言葉が、僕に刺さりました。

歌はいわば生鮮食品です。時が経てば腐ります。特に「言葉」が傷むのは早く、すぐ古びてしまう。

ところが、永さんの歌詞は、全然古くない。今の世に新曲として出しても十分、通用します。

中でも僕が評価するのは、『遠くへ行きたい』です。これほど見事な旅の歌はありません。皆さん、今一度、歌い出しを口ずさんでみてください。ね、旅をしたい人の思いがすべて言い表されているでしょ。

中村八大さんのメロディも、永さんの詞も素晴らしく、これ以上の表現はありません。『遠くへ行きたい』を超える旅の歌は、いまだありませんし、今後も出ないかもしれません。

この歌があるためか、僕は今でも旅の歌が書けません。奈良や津軽、いろいろな場所を舞台に歌を作りましたが、それは、そこで生活している人々の視点です。旅がテーマではありません。

『生きるものの歌』『夢であいましょう』……永さんの書いた歌詞をじっくり読み返して、僕の歌の原型がここにあることを確信しました。『関白宣言』も『親父の一番長い日』も『防人の詩』も、今思えば永さんが先にやっている。まるで、孫悟空の気分です。『遠くへ行きたい』に憧れ、歌を作り続け、随分がんばってきたなと振り返ったら、いまだ永さんの手のひらの上だったということです……。

永さんが構成作家をしていたバラエティ『夢であいましょう』には、毎回、「リリック・チャック」というコーナーがありました。「チャック」こと黒柳徹子さんが、永さんが書いた詩を朗読するコーナーです。

今回、中村八大さんのご子息の中村力丸さんにお願いして、『夢であいましょう』の台本を見せていただきました。台本には、「リリック・チャック」がそのまま載っていました。
永さんは詩人です。それも最高の。永六輔の詩集なんてのも、読んでみたいですよね。

さだ　まさし　拝

第2幕 永《なが》の事

「先達が残してくれたら自分たちで拾っていける」（さだ）

「永六輔大学」を開いてほしい

永　で、今回はどんな心構えで？

さだ　以前、伺ったお話の続きをどうでしょう。塗り直しでも構いませんし、全然とんでもない話でも構わないですし。というのはね、永さん。僕、永さんに〝永六輔大学〟を開いてもらいたいんです。僕が最初の聴講生。だって放送が産声を上げてからこのかた、最初から関わって、常に中心にいる人は永さんしかいないんです。永さんの言葉は、メディアの歴史そのものなんですから。永さんにぜひ立ち上がってほしい。

永　俺、立ち上がれない（笑）。

さだ　僕が代わりに立ち上がります！

永　だから病気で立ち上がれない（笑）。

さだ　だから僕が代わりに立ち上がりますって（笑）。

永　この間ね、松本（長野県）に行ったんだけど、そこで諏訪の話になった。諏訪大社ってあるでしょ？　長崎にも……。

さだ　「おすわさん」[*84]ですね。末社だと思いますが。

永　長崎にも諏訪神社があるって話になって、あなたを思い出した。

さだ　光栄ですね（笑）。僕は諏訪と言うから、鎌田實先生[*85]の話かと思いました。鎌田先生ひとりはさむと、永さんにつながるという（笑）。

永　鎌ちゃんも長いよ。どっちのほうが古い？　あなたも相当、付き合いが古いでしょ。

さだ　僕は知り合ってから20年ぐらいですね。

永　僕はもうちょっと前かな。佐久総合病院の若月俊一さん[*86]って、鎌ちゃんの先生がいて、その先生から知っているから。

さだ　それは古い付き合いですね。

永　なぜ知っているかというと、疎開先が佐久なの。戦後しばらく佐久にいたんだけど、そこに赴任してきたのが若月先生。

さだ　へえ。佐久に疎開していたんですか、永さんが？

永　学童疎開ね。それまでは宮城県の白石に集団疎開していたんだけど空襲が激しくなってきたので、信州の佐久に来た。

さだ　白石も空襲に遭ったんですか。

永　仙台の空襲がひどかったから[*87]。

さだ　仙台はひどかったらしいですね。

永　佐久に来たおかげで、若月先生とつながり、鎌ちゃんとつながった。その先にあなたがいる。本当に誰かをはさむとあなたにつながるね。

日本初の西洋行進曲は…

永　で、長崎の話だけど、話は飛ぶよ。

さだ　元より覚悟の上です(笑)。

永　長崎に勝海舟*88が学んだ海軍伝習所*89ってあるでしょ。あれね、今、長崎県庁があるところにあったの。

さだ　今の県庁舎ですか?　あそこに、海軍伝習所があったってことですか?

永　出島を上から見下ろせるでしょ?　それで、オランダから帆船を買って、旗本の若い連中を集めて、操舵《そうだ》やなにやら練習するわけだけど、指導するオランダの軍人から、「軍楽隊が無いとダメだ」と言われた。声だと船の上はうまく聞こえないから。

さだ　なるほど、楽器で合図を送るんですね。

永　勝海舟は、色街があり寺の多い赤坂が好きで、色街でよく遊んでいた。あそこには太鼓や三味線がある。それで、色街で遊んでいる若い旗本を集めて送り込むわけ。そこで初めて、ドレミファソラシド……。

さだ もしかして、それが、西洋音階が初めて入った瞬間ですか？

永 伊達藩の支倉常長の時に軍楽隊が演奏したという記録はあるんだけど、組織立って、日本人が西洋音階を学んだというのは、この時が初めてなの。

さだ それ、大事な話じゃないですか。

永 大事な話だよ。その長崎海軍伝習所で学んだ連中が、最終的に江戸に入る時に官軍マーチを演奏する。それが『ヤッパンマルス』。これが日本で初めての西洋行進曲。

さだ 官軍の『宮さん宮さん』って軍歌がありますよね。あれも……。

永 そう。『宮さん宮さん』の前奏が『ヤッパンマルス』。でもこれって行進には向かないんだよ。その苦労する話が、今東光さん*90の小説にある。それで、今東光さんから、「ヤッパンマルスをもっと調べて、ミュージカルにしろ」って言われたの。

さだ したんですか？

永　まだしてない。これからするとこ[91]。あの行進曲、中村八大さんが好きでね。でも幕末のことでしょ？　旗本が譜面を渡されても演奏できるわけがない。長崎絵っていうのがあるんだけど、あれにね、旗本が苦労してる様子が描かれている。

さだ　何だかすごい歴史の話になってきましたね（笑）。

浅田飴CMは「ちょっと手伝っただけ」

永　でね、その譜面─太鼓や笛を鳴らす順番の書かれたものが、堀内敬三さん[92]のところに残っていた。あなた、堀内敬三さんは知ってる？

さだ　日本の音楽評論家の草分けですよね？

永　堀内さん、「浅田飴」のオーナーだった堀内伊太郎さん[93]の三男坊なの。

さだ　それは知らなかった。

永　面白いのは、幕末に浅田宗伯[94]という御典医がいるんだけど、この人がそもそも、「浅田飴」を作った人なの。で、さらに西郷隆盛[95]と勝海舟の間をつないだ。

さだ 江戸城無血開城ですね？「まあまあこれでも舐めなさい」と2人に浅田飴を渡して……(笑)。

永 となれば面白いんだけど、もっと面白いのは、この浅田宗伯は信州・松本の出身なんだけど、宗伯のもとに、身の回りの世話をする書生がいた。それが堀内伊三郎といって、堀内伊太郎さんの親父さん。で、浅田宗伯から、「お前はがんばっているから、飴を作って売っていいよ」ということになって、宗伯秘伝の水飴の処方をもらった。それを息子の伊太郎が「浅田飴」と名付けて売り始めた。これがそもそものはじまり。そういう縁で結ばれていてね。

で、僕は堀内敬三さんのところに行って、『ヤッパンマルス』の譜面を見せてもらった。「見る分には構わない」というから見たんだけど、俺は当時写譜ができたから、それを必死に写した。当時はコピーがないでしょ。だから、堀内さんのところに、通って、通って、通ってね。そしたらその後、堀内さんから電話がかかってきて、「ウチの仕事をちょっと手伝ってもらいたい」って言われてね。

さだ　いろんなところで気に入られますね、永さん。またも年上に（笑）。

永　で、「ちょっとでいいからコマーシャルに出てくれ」って言われた。

さだ　そうか！（永さんのモノマネで）「せき・こえ・のどに浅田飴」*96。そうか、そこにつながるのか。でもすごい時代だな。「ちょっと手伝ってくれよ」で、コマーシャルに出ちゃうんだから。

永　だってしょうがないんだもん。

さだ　しょうがなくないですよ。でもそれで永さんも有名になっちゃったわけだ。

永　だから堀内敬三さんのおかげなの。

「お師匠はんから、花かぇ！」

さだ　あのCMのコピーは耳に残りましたね。随分、真似しましたよ、あのコマーシャル（笑）。僕の周りも真似ていたもの。

永　なんでだろう。

さだ　永さんのあの独特の喋り方ですよ。今まで聞いたことがなかったんですよ、ああいう喋り。それまでテレビの中に、よく喋るおじさんがいなかったから。話は面白いし、いろんなこと知っているし……。そうこうしているうちにテレビで『遠くへ行きたい』[97]が始まるし。

僕、永さんの『遠くへ行きたい』が大好きで、随分、旅をなぞったんですよ。『遠くへ行きたい』が始まったのは、70年代でしょ？　あのあと、観光客がずかずかと各地に行って、日本を壊していくんです。永さんは壊される前の日本を紹介して歩いたんだな。僕はあの番組の中でも鮮明に覚えているのは、先斗町のスナック『鳩』[98]の回ですね。僕、実際に行きましたもん。

永　へぇー（笑）。どうして『鳩』を知ってるの？

さだ　指揮者の山本直純さん[99]と僕が、軽井沢音楽祭で、一緒に仕事することになったんです。その時、僕は大阪のフェスティバルホールで仕事していて、直純さんは京都にいた。それで直純さんから、「まさし、京都まで来い！」って言われましてね。それで京都に行ったら、連れて行かれたのが『鳩』ですよ。

永　どうだった？

さだ　プレスリーが47人いました（笑）。プレスリーのポスターがあんなに貼ってあるのを初めて見ました。永さんも懐かしいでしょ？　今はもうありませんが……。それでね、その時ですよ。直純さんが「お前、25分の曲を書け」と言う。そんな長い歌、聞いたことがないでしょ？　だってテレビじゃ3分とか5分ですからね。そう言ったら、「お前、テレビに騙されてるんだ」と言う。「だって、『冬の旅』[*100]があるだろ」って、それはシューベルト（笑）。「シューベルトじゃないし、25分の歌は書けません」って断ったのに、「いいから長い歌書け」ってんで、仕方なく、『親父の一番長い日』[*101]という歌を軽井沢音楽祭用に書いたんです、12分の。それは『鳩』がきっかけだったんですよ。

永　へぇー（笑）。

さだ　で、『鳩』のおかあさんが粋でしょ？　機嫌のいい時にはお銚子をマイク代わりにプレスリーの歌を歌うという（笑）。それで僕が『鳩』に通うようになって、その時に永さんや小沢昭一さんの話も出たんです。「懐かしい、懐かしい」って話で盛り上がって。そのうち病気でお店を休みがちになったんですよ。僕、おかあさんの60歳の誕生日に、60本のバラの花束を贈る約束をしてたんですが、誕生日の前に入院してしまったんです。おかあさん、僕のことを「お師匠はん」と呼んでくれていたんですが、そのおかあさんから、「お師匠はん、花束頂戴」って催促があった（笑）。僕、ちょうどコンサートで、直接病室に届けられなかったんです。それで事務所のスタッフに60本のバラを届けさせたら、「お師匠はんから、花かぇ！」と言って、酸素吸入の管をつけて寝ていたのに、その管も点滴の管も全部ブチっと引きちぎってベッドの上に立ち上がった。で、60本のバラをしっかり抱えたまま、プレスリーの「ハートブレイク・ホテル」を歌ったんですよ。

永　へぇー！

さだ　それからほどなくして亡くなったんですが、カッコいいでしょ？　きっかけは、永さんがあの番組で紹介してくれたからですよ。どうしてもそこへ行きたくて。『遠くへ行きたい』はいい番組だったなあ。

テレビは人が多いから嫌い

永　『遠くへ行きたい』に出たのは、あの主題歌、僕の曲だったから。

さだ　知っていますよ。だって名曲ですもん。番組も、始まった頃から真剣に観《み》てました。今、街歩きの番組が多いですけど、あれ、全部ここからですもんね。間違いなくひとつの時代をつくりましたよね、あの番組自体が。

永　今もやっているんだけど……。

さだ　もちろんです。僕、主題歌を歌っていたこともあるんですよ*102。

永　そうだ、そうだ。それで僕、ちょっとそこに戻ろうかな、と思ってる。車椅子で、旅行してもいい。

さだ　永さんがまた出るの？　それはすごくいい。

永　僕、車椅子でしょ？　車椅子だから見えるものがあるというのをテーマにして、『遠くへ行きたい』をやりたい*103。

さだ　ぜひ、観たいです。

永　戻るならね。出演者として戻るなら。

さだ　戻ってほしいですね。だって、永さんでなきゃわからないものって、いっぱいあるもの、日本中に。僕らじゃわからないんです。やっぱり先達が、「お前、これはこういうものだよ」「お前知らないだろう、これはこういうつながりがあってこうなっているんだ」ということを、僕らに語り残してほしい。あとでほら、自分で拾っていけるじゃないですか。

永　その役目が、僕より年上だったけど、小沢昭一さんだった。

さだ　小沢昭一さんね。

永　もったいない。今の話の中でいうと、あの人は本当に何でも、現場で物を知っている人だからね。

さだ　ラジオの『小沢昭一的こころ』[*104]、あれ、面白かったなあ。

永　ラジオには小沢昭一さんがいて、秋山ちえ子さんがいた。この間、『誰かとどこかで』[*105]をやめたけど、あれ、1万2000回以上放送したのね。ラジオ番組で1万回を超えたのは、小沢昭一さんと僕と秋山ちえ子さんの3人だけ。

さだ 秋山ちえ子さんの『秋山ちえ子の談話室』[106]も、すごく長かったですね。

永 長かった。僕もどこかで終わらなきゃいけないとは思っていたけど、なかなか難しい。例えば作詞をやめるというのは自分で決められるじゃない。「作詞をやめます」と言えばいい。でも、番組をやめるとなれば相手役もいるし、スポンサーもいるし。僕の『誰かとどこかで』だったら遠藤泰子さん[107]がいる。大変なんだよね。

さだ 周囲はやめさせてくれないですね、また。

永 うん。

さだ 放送局はずっとやってほしいですもんね。でも永さん、なんでテレビからは離れちゃったんですか？

永 俺がテレビを嫌いなのは、テレビのスタジオってだだっ広いから。

さだ ラジオは、マイクだけですものね。

永 それに人が多い。その人が何しているんだかわからないの。

さだ そうか。永さん、テレビも公開ラジオ放送だと思えばいいんじゃないですか？　テレビに偶然映っているという感覚になると楽ですよ、永さん。僕はそう思ってやっていますよ。ＮＨＫの「生さだ」*108なんてまさにそれですもん。

永　僕は「テレビに出ない」と言ったけど、チャックの『徹子の部屋』だけは出てる。あれ、最多出演なの*109。

さだ　さすがですね。

永　でも『徹子の部屋』に行くでしょう。そうすると若いスタッフが僕のそばに来て、こう言うの。「永さん、あれがテレビカメラですよ。カメラのレンズの上に赤いランプがつきますから、そうすると永さんが映っていますから」って、まじめに言われる（笑）。チャックが怒って、「何言っているの、あなた。その人はテレビを作った人よ」と。「テレビを最初からやっている人に何言うの」って。

さだ　（苦笑）俺なんてそんなもんなんだよ。俺、テレビに出てないから。

『ひょっこりひょうたん島』は潰された？

永　テレビで思い出したけど、飛ぶよ？

さだ　ぜひ！

永　この間、NHKを観ていたら、戦争中から戦後にかけてGHQの情報局が日本をどうやって監視していたかをやっていた。GHQは手紙も開封したし、ラジオもチェックしていた。でも当時、NHKも、アメリカのラジオをチェックしていたの。

さだ　そんなことがあったんですか？

永　どのくらいのことが許されているのか、それを見極めていた。例えば、アメリカのラジオは、時の権力者への風刺を入れると。当時の首相を笑い者にしていいか、アメリカのラジオを判断基準にした。で、笑い者にしたわけだ。そしたら笑い者にしすぎだと怒られたこともある。やり過ぎると潰された[*110]。

さだ　何が潰されたんですか？

永　井上ひさしの『ひょっこりひょうたん島』*111ってあるでしょ?

さだ　主題歌、歌いましょうか（笑）。

永　国民全員が郵便局員っていう国が出てくるんだけど、そこの郵便局長が悪いことをするんですよ。当時、郵政省が放送も管理していた*112。郵政省や政治家にしてみると、「郵便局の局長が悪いこととする、というのは許せない」と。

さだ　なるほど、「けしからん」と。

永　で、潰された。

さだ　えっ、そんなことで『ひょっこりひょうたん島』が潰されたんですか? 圧力に弱すぎませんか?

永　今で言うと、「原発に触れないでくれ」って、あなたは言われない?

さだ　僕はね、選挙の前の生放送で、「選挙に行こうとも行くなとも言ってくれるな」って言われてる。ようするに、みんなが行くと迷惑になる政治家もいれば、行かないと迷惑になる政治家もいるから、ってことなんだけど、なんかあるんでしょうね。そこへいくと、永さんは気にせずに言いたいことを言っている（笑）。

「川島芳子」生存説

永　僕は言いたいことを全部言わない。
さだ　言ってますよ、結構。
永　あれでも言ってるように聞こえるかもしれないけれど、本当は言ってないよ。
さだ　え、あれでまだ!?
永　言ってないよ！　危ないのは口にしない。
さだ　だから、その危ない話をしましょうよ。これ、言っていい話かわからないけど、清朝の残党から秘密の指輪をもらったって話。酒の席で聞きましたけど、記憶に残ってる。
永　真紅の琥珀《こはく》ね。
さだ　真紅の琥珀──そうか、赤い琥珀って清朝の象徴なんですよね。でも本当にもらったんですか？

永　うん、持ってる。元はといえば、チャックなの。

さだ　黒柳徹子さんがなぜ清朝につながるんですか？

永　チャックが「自分は大きくなったらスパイになりたかった」と言い出したの。

さだ　また徹子さんらしい（笑）。

永　だから「ならなくて良かった」と言ったの。「スパイはいいけど、あなたはベラベラ喋っちゃうから銃殺されちゃう。川島芳子[*113]もそうなったでしょ」って。そしたらその話を聞いていたおじいさんがいた。そして俺の耳元でぼそっと、「川島芳子は生きてる」って言ったの。

さだ　それは歴史が変わりますよ？　本人に会ったんですか？

永　おじいさんが、「その証拠に紹介しよう」って。おじいさんが言うには、銃殺されたのは代理で、今、川島芳子はロンドンの病院に入院しているという。

さだ　じゃあ、銃殺されてないっていうのは、本当なんだ。うちの親父が言うには、「川島芳子は捕まった時、短髪だったはずなのに、銃殺された時の写真は髪が長い」と。「銃殺されるまでの間に長くなるわけがない。あれは別人だ」って力説してました。

永　そう、それがつながってるの。

さだ　あ、つながってるんだ！　うちの親父もいいところまで握ってたんだ。

永　僕はそれで、そのおじいさんと会ったの。帝国ホテルで。川島芳子は清朝の皇族だから、その川島芳子を立てて、満州国を再建するという壮大な計画だった。そこで真紅の琥珀の指輪をもらったの。

さだ　でも何で向こうは、永さんに目を付けたんですか？

永　その頃、有吉佐和子さん*114とか野坂昭如と「佐渡独立運動」*115という遊びをしてたの。国歌は『佐渡おけさ』とか、話は盛り上がった。結局、佐渡に同志がいたわけじゃないから、遊びで終わったんだけど、それを向こうが知っていて、「永さんに動いていただいて、佐渡同様に独立運動を……」って言うの。実際、おじいさんと一緒に台北に行って、張作霖*116の息子の張学良*117とも会った。

さだ　またすごい話ですね（笑）。

永　嘘みたいな話だけど、そういう話ならいっぱいある。

さだ　じゃあその人たち、中国大陸で祖父の佐田繁治と会ってるかもしれないなあ。僕の親父の親父はスパイですからね[118]。祖父は中国大陸で諜報活動をやってたんです。

果たすべき約束がある

永　中国大陸という話で言えば、僕の家も中国の出なの。「永」というのは本名で、向こうでは「ヨン」と読む。上海には多い。上海はヤクザの多い土地で、川っぺりのヤクザと内陸のヤクザがあるんだけど、青幇と紅幇[119]、聞いたことがあるでしょ?

さだ　聞いたことあります。永一族も入ってるんですか?

永　僕の先祖が入ってる。僕で17代目[120]です。

さだ　えーっ、17代目!? 歴史あるヤクザじゃないですか。

永　そんなにすごくない。江戸時代の初めに、中国から学僧としてやってきた。

今寄せ合ってるのは、元浅草の永住町。永が住む町だから永住町[*121]。

さだ 町の名にもなってるんですか。

永 永っていう親戚は近所にしかいない。

さだ 学僧ってことは、その頃からずっとお坊さんなんですね、永さんのところは。

永 ヨン様って言われてた時代が懐かしい（笑）。

さだ ヨン様ねぇ。それ、呼びたくないなぁ（笑）。別な人を連想します。

永 そんなことはともかく（笑）、だから早くミュージカルを完成させたい。

さだ そこに話が戻りますか（笑）。

永 ラジオを辞めた理由はそれもあるの。

さだ ん？　ミュージカルが、ですか？

永 『ヤッパンマルス』のミュージカルを書くって今東光さんに約束しちゃったから、その約束を果たそうと思って。その時、今東光さんの傍らで勉強していたのが瀬戸内晴美[*122]。

さだ　瀬戸内寂聴先生？　あらら。

永　寂聴さんとも古いんですよ。この間、会った時に、「あの本どうしたの」って言われて、やらなきゃと思い直した。まず体調を良くしないと。

さだ　楽しみにしてます！

対談後記4

赤い琥珀の指輪？

清朝再興の話、眉唾だと思うでしょ？　どうやらそうでもなさそうなんです。永さんはたしかに「脚色」はします。ネタとして面白おかしく話します。でも、真実がある。僕はそんなふうに思います。

この清朝再興の話を最初に伺ったのは、僕がソロに成り立ての頃だから、40年近く前のことだと思いますが、バッタリ会ったら、例のあの台詞。

「まさし、時間ある？」

と切り出し（もちろん僕は頷《うなず》いたわけですが）、滔々《とうとう》と語ってくれました。

しかもこの話、もっと詳しく言うと「台湾にパスポートなしで行った」というんですね。「いろいろまずいことがあるから」と例のおじいさんに目隠しをされて、車に乗せられて連れて行かれたところは、どこかの空港だった、というんです。

で、そのまま飛行機に乗り、「気が付いたら台湾にいた」と、永さん、言っていましたねぇ。そしてそこで、清朝再興の象徴である、赤い琥珀の指輪をもらった、と。

対談では「張学良に会った」という話ですが、僕が最初に聞いた時は、永さん、「溥儀《ふぎ》の後ろ姿を見た」と言っていました。

清朝第12代にして最後の皇帝の愛新覚羅《あいしんかくら》溥儀（1906〜1967）ですよ？ 満州国皇帝のあの溥儀ですよ？

この話は、聞いた当時まだ20代だった僕には衝撃的で、記憶に刻まれました。永さんから話を伺った数年後に、僕はこのことを歌にします。『上海物語』（アルバム『風のおもかげ』収録）という曲です。

その中に、赤い琥珀の指輪を登場させたんです。

すぐにファンから手紙が届きました。

「琥珀って透明な黄土色だと思うんですが、赤い琥珀ってあるんですか？」
そんなこと、知りませんよ。だって永さんに聞いた指輪の話をそのまま使ったんだから（笑）。

まさし　拝

「話は百遍すれば芸になるらしい。今回が30回目だから、あと70回（笑）」（永）

百遍繰り返せばネタになる

永　俺ね、今回、初めてした話もあるけど、何回か聞いた話もあるでしょ？　できるだけ同じ話はしないように注意しているんだけど。この頃、同じ話が出てきちゃう。

さだ　別にいいじゃないですか。

永　（柳家）小三治師匠がね、「同じ話でも百遍繰り返せば、落語になりますから」って言うの。だからこの頃、数えるようにしてて、「これでこの話は20回目だな」って……。

さだ　それ、わかります。僕も、「歌も歌える落語家」って言われてますから(笑)。でも、同じネタをぶつけてると、笑いの質が上がるでしょ?

永　上がる(笑)。

さだ　僕のコンサートトークがそうですもん。下手な二つ目よりも同じ話してますから。たまに客席からの「あのネタやって」の声に応えたりして(笑)。

永　そうだよねぇ。

さだ　だから、永さんが「こんなこと言ってた」って僕もすぐ言いますから。僕なんて、くたびれたハマグリみたいなもんですからね。すぐ口開いちゃうから(笑)。

永　最近ね、小三治師匠に認められてる話があるの。それは、小沢昭一との最後の夜。あの人は学生時代からの先輩でさ。

さだ　大学から?

永　うん、早稲田大学から。早稲田大学の落研(落語研究会)の創始者だから、笑いにうるさい。で、僕が病気になった時、昭ちゃん(小沢昭一)はとても心配してくれて、「もう歩かないでタクシーに乗っちゃってください」って勧めてくれる。その時も、四谷の駅でそういう話になって、小沢さんが通りに出て、手を振ってタクシーを停めてくれた。「永さん、できるだけ歩かないでよ。今度転んだら、あなただめになっちゃうんだから」って言われて、タクシーに乗せられて、先輩がドアを閉めてくれた。……ところで、この話したことある?

さだ　初耳です。

タクシー横転事件の顚末《てんまつ》

永　四谷駅から、新宿に向かってね。で、新宿通りの四谷三丁目の交差点を右に曲がったら、後ろから来たタクシーがぶつかってきたの。そしたら俺が乗ってるタクシーが横転した*123。

さだ　えっ、タクシーが横になったの?

永　もうお終《しま》いだと思ったね。でも近くに四谷警察署があったから、お巡りさんもすぐに来てくれて、「大丈夫ですか!?」って声をかけてくれた。不思議なもんで、「大丈夫か」って言われると、大丈夫じゃなくても「大丈夫」と答えてしまう(笑)。

さだ　人間の心理ですねぇ。でも永さん、タクシーが横になったまま、そこに乗ってるんでしょ？　大丈夫じゃないですよね。

永　大丈夫じゃない(笑)。なぜ俺は大丈夫って言ってるんだろうと思いながら、運転手さんに「大丈夫ですか」と聞いた。

さだ　聞いたの？　優しい。

永　2人組のおまわりさんに、「自分の名前と生年月日は言えますか」って聞かれたから、名前を名乗ったら、若いほうのお巡りさんが、「永六輔じゃないですか！」って言うから、「そうだよ、本人だよ」って言ったら、慌てて「すぐ救急車呼びます」。

さだ　当然の対応ですね。

永　でも俺は、呼ぶほど大変なことなのかなと思ったの。後で「用もないのに呼んだ」って言われるのが嫌だから、「ちょっと待ってください」って。

さだ　そこは、永六輔の責任なんだ。プライドなんだ。
永　お巡りさんに「もうちょっと様子を見させてくれ」って言ったら、「そうはいきません、すぐ呼びます」って言われた。「すぐ呼ぶなよ」って言ってるのに呼んじゃったの。百歩譲って、呼ぶのはいいけど、警察署のすぐ近くに病院があって、知ってる医者もいるから、「そこの病院でいい」って言ったら、「そうはいきません、手順がありますから」って言われた。で、救急車に乗せられた。

救急車のサイレンは…

永　ところであなた、救急車乗ったことある？
さだ　ないですよ。中は見たことありますけど。
永　中では、運転手と補助みたいなのがあっちこっち電話してるわけよ。「大久保病院だめです。目白病院だめです」って。
さだ　その間、永さん、どうしてるんですか？
永　寝てる。「そのままの姿勢でいてください」って言われて。

さだ　それはしんどいですね。どこかおかしかったんですか？

永　おかしくないんだよ。出血してるわけじゃないし。最終的には打撲で済んだ。

さだ　不幸中の幸いですね。

永　そしたら病院を探している間に、また「生年月日言えますか」って聞いてくる。「さっき言ったよ」って言っても許してくれない。「もう一回言ってください」って言われるんだけど、これの繰り返し。でその後、「新宿○○病院が確保できました」って運転手が言うと、他の隊員が「新宿○○病院出発」って言うんだよ。

さだ　復唱するんだ。

永　それで俺も、「新宿○○病院出発」って言ったら、「あなたは言わなくていい」って（笑）。トントンと言うから俺も……。

さだ　言わなくちゃいけない気持ちになっちゃったんだ。お茶目だねぇ。

永　そしたらサイレンが鳴り始めた。サイレンってさ、遠くから聞こえてきて、音が大きくなって、また遠くへ……。

さだ　ドップラー効果ね。

永　音が聞こえなくなると救急車もいなくなる。あれ自分で乗るとね、頭の上でずっと鳴っている。

さだ　当たり前じゃないですか。そこで鳴らしてるんですから。

永　俺には当たり前じゃないからさ、「うるさい」って言ったの。「お願いだから止めてくれ」って。

さだ　その道理は通りません（笑）。

永　うん、「止められません」って。

さだ　わがまま言っちゃだめですよ。

永　「サイレンはね、あなたに聞かせてるわけじゃなくて、前を走ってる車に聞かせてるんです」って。サイレンが鳴ると、前の車がスピードダウンする。

さだ　避ける？

永　あれ、避けちゃだめなんだって。スピードダウンするか、止まるか。で、そこをジグザグぬって走る。そのために鳴らしてるって説明してくれたから、そういうものかと思ったね。

さだ　そんなにうるさいですか？　ピーポーピーポーって。

永　中で聞いてると、響いてうるさいの。うるさいから、こっちも大きい声で喋ってるんで声がかれてきた。それで、「なんか飲み物ありますか」って聞いたら、「そういうものはありません」って。「じゃ自分で払うから、自動販売機の前で止めてくれ」って言ったら、「だめです、止められません」。

さだ　そんな喋る人、救急車に乗らないですよ。わかってたら乗せないな、救急隊員もきっと（笑）。

被害者の個人情報なのに…

永　病院に着いて、あとはトントンと進んだんだけど、治療後に四谷警察署から電話があって、「事情聴取をしたい」と言う。「いいけどその前に、タクシーの運転手さんは大丈夫ですか」って聞いたら、「個人情報ですからお話しできません」と突っぱねられた。「じゃあ俺の情報も守ってくれるんですね」って念を押したら、「もちろん守ります」って。その日のうちに家に帰れたんだけど、次の日の早朝から問い合わせの電話が鳴りっぱなし。新聞、ラジオ、テレビ……。

さだ　どこから漏れたんですか？

永　おそらく四谷警察署が漏らした。

さだ　なんと、あれだけ言ったのに(笑)。

永　対応が大変だったけど、その中に小沢昭一からの電話もあった。「まさか、僕が止めた車じゃないですよね」って言うから、「いや、あなたが止めてくれた車です」って言って、2人で大笑いして。そしたら昭ちゃんがこう言う。「昨日あなたと話してる時は、何を言ってるのか半分わからなかった。でも今この電話は明瞭に言ってることがわかる。ラジオってものは、聞こえなくなったら、叩けば聞こえるようになる。それですね」

さだ　昔、聞こえづらいラジオは叩くと音が良くなったもンですが、永さんも叩いたら音が良くなった(笑)。えー、おあとがよろしいようで。

永　それが小沢さんとした最後の話[*124]。

さだ　そうだったんですか！

永　で、この話を小三治師匠にしたら「人に百遍話しなさい、面白いから」って。

さだ　たしかにこれは面白い。

永　「百遍すれば芸になります」って。

さだ　芸になる。題して「小沢昭一との別れの一席」。いいなぁ。

永　これでも大分カットした。

さだ　カットしたの？　でも、今ぐらいの長さがいいかも。ところで、運転手さんはどうなったんですか？

永　運転手さんの個人情報は守られている(笑)。

さだ　結局わからない？　そっちのほうが気になる。

永　あの時は、走っててそのまま横になった、スローモーションみたいに。

さだ　危ない、危ない。

永　でもまだ生きている(笑)。それに、この話、今ので30回目くらい。あと70回、話さないと(笑)。

さだ　月にいっぺんやっても、あと6年かかりますね(笑)。

対談後記5

愚痴らない、ひけらかさない

タクシー横転ネタ、いいですねぇ。

永さんの話には、人を楽しませよう、というサービス精神が根底にあります。永さん、最後に、「これでも大分カットした」と言っていますが、これ、非常によくわかります。

僕もラジオの仕事が長いので身についていますが、「尺」というものがある。10分なら10分、30分なら30分、決まった尺の中で、話を面白くまとめないといけない。時間制約のある時に、10の話を10語ろうとするのは下手のすることで、話し上手は10の話から3取り出してそのことを面白おかしく話す。こうすると歩留まりもいい。

永さんの話が「面白い」のには、理由があります。

ひとつには、愚痴を言わない。

パーキンソン病のことだって、本当に大変だったはずなのに、永さんはそれを「笑い」にしました。

そして、ひけらかさない。

だってテレビを作った人ですよ？　『夢であいましょう』の構成作家ですよ？　売れっ子作詞家ですよ？　元祖マルチタレントですよ？　でも永さんが自慢しているのを聞いたことがありません。

人は誰しも、周囲に持ち上げられれば、自分が見えなくなります。勘違いして横柄になって威張り散らして……というのはよくあること。でも永さんにはそれがなかったんだなぁ。だから〝粋〟だったんですね、永さんは。

まさし　拝

「敵30%、味方30%、残り40%はどうでもいい人」（さだ）

温かいと冷たいしか感想を口にしない

さだ　永さん、長時間話していて疲れませんか？

永　疲れた。疲れたっていうより、このだだっ広い空間がスカスカなのが気になる[*125]。

さだ　わかりました。今度お話しする時は、お客を入れてやりましょう。ステージ作って。もっともっと、永さんのお話聞きたいですもん。皆に聞かせるのが嫌なら、2人っきりで飯でも行きましょう。

永　随分昔だけど、NHKに出始めの頃のタモリ[*126]と飯を食ったことがあってね。

さだ　場所はどこですか?

永　NHKの食堂。それで後になって人づてに聞いたんだけど、タモリが「永さんと飯を食うのはつまらない」って。

さだ　やっぱり失礼な人ですね。「さだまさしは、暗い。それを聴いているファンはもっと暗い」って名言を吐いた人ですから(笑)。いや、名言じゃないけど。

永　そのタモリが、「永さんは、食べているものに興味がなさそう」だって。「『温かい』と『冷たい』しか感想を口にしない」って。それでもいい?

さだ　もちろん、喜んで(笑)。

永　ところであなた暇だねぇ(笑)。……そういえば思い出したけど、この間、おすぎに会ったら、「新幹線の中で、さだまさしに『バカっ!』って言ってやったのよ」って言ってたよ。

さだ　ちっくしょう(笑)。説明しますとね、新幹線に乗ってたら、停車した駅でやたら皆が手を振っている。どんなアイドルが乗り込んでくるのかと期待して待ってたら、これがおすぎとピーコ*127。かわいいアイドルじゃなくて、汚ねぇオヤジなんだ。で、しかもよりによって僕の座席のすぐ前に座りましてね。でも2人が偉いのは「すみません」なんて言ってから椅子を倒したところ。さすが年の功（笑）。

で、座席の隙間ができたもんですから、新幹線が走り出して静かになった頃を見計らって、隙間から「どこのアイドルかと思ったら、汚ねぇオヤジだった」と、ぼそりと言ったら、「何よ、このバカっ！」だって（笑）。まあ、ただの挨拶ですよ。

永　ははははは。

高柳健次郎博士の〝最初の〟発明

さだ　ところで永さんはテレビへの本格的復帰はなさらないんですか？　やっぱり嫌いですか、テレビは。

永　病気のこともあるし、テレビの仕事は断りやすい（笑）。でも最近は考えも変わってきて、テレビにも出ていいかなと思ってる。俺、急に態度を変えるから。

さだ　いいじゃないですか、急に好きになったって。その逆で急に嫌いになったって。

永　本当に急に態度を変えるからね、俺は。

さだ　もともとテレビは、高柳健次郎博士[*128]が作って、俺が育てたんだと言えばいいじゃないですか[*129]。

永　あなたは高柳さんが最初に発明したもの、何か知ってる？

さだ　ブラウン管での電送と受像を世界で初めて成功した人ですからね、やっぱりその関係ですか？

永　高柳さんのお父さんは、ウナギの養魚場の管理人をしていたことがあるんだけど、養魚場には小さな水車が回ってるのは知ってる？

さだ　あれ、水を攪拌《かくはん》して酸素を供給してるんですよね？

永　あの水車を発明したの、高柳さんなの。[*130]

さだ　ええっ！　またすごい話が出てきましたね。

永　高柳さんは浜松高等工業学校に勤めたんだけど、そこで初めて手がけたのがテレビなの。

さだ　ありましたよ、NHK浜松支局の前に、「イ」って大きく書かれた石碑がありました。ということは、ご本人にお会いになったんですか？

永　僕が30くらいの時に会った。

さだ　もうすでに、伝説の人ですよね？

永　うん。それで、博士は「イ」の字をブラウン管に映す公開実験をするんだけど、それを昭和天皇が見に来た。

さだ　国家的なイベントですね。

永　ところが、天皇陛下の車を先導していた警察官が道を間違えちゃった。で、それで自殺しちゃうの、その警察官が。

さだ　道を間違えたくらいで？

永　高柳さんは、ずっとそのことを気に病んでいた。当時だったらしょうがないのかもしれないけれど……。

うまいまずいを言うは生意気

さだ その警官の責任の取り方が良いとか悪いとかじゃないですけど、最近の日本はいいんですか、本当にこれで。

永 突然、日本の話になるね（笑）。

さだ もうね、日本に怒っていることたくさんあるんです。食品偽装*[131]だってそうですよ。

永 俺ね、今謝っている人たちを、擁護する方法がないか考えてるの。いろいろやり方もあるからね。

さだ 食品偽装は昨日今日の話じゃないってことですよね？ というより、そんな目くじら立てる話じゃない。

永 俺たちの世代は、食べ物にうまい、まずいを言っちゃいけないの。そんなことを口にするのは生意気ですよ。

さだ 名言ですね。「うまいまずいを言うは生意気」

永　そうです。

さだ　これですよ、これ。すべての元凶は。日本人が味もわからず、ブランドだけを信仰している。だからバナメイエビを芝エビと言って出してしまう。でも、これってバナメイエビのほうが安かったからだめなんでしょ？　もし芝エビをバナメイエビといって出したら、これ、どうなるんですかね？　だいたい食べ比べたって、味なんかわかりませんよ。違うのは、ブランド名だけ。

永　俺だってわからない（笑）。この間ね、というか最近ずっと、ウナギが少ないって大騒ぎしてるでしょ？　だから言ってやったの。「ウナギなんていらない。ウナギのタレをご飯にかけるのが上等なんだ」って。娘からは、「そんなみすぼらしいこと、しないでください」って言われてるけどね（笑）。

さだ　だって、おいしいですもん（笑）。

永　タレさえあれば、何もいらない（笑）。

さだ　そう、そう。あのタレは万能です。

永　だから日本人が、ウナギがどうした、牛肉がどうしたって言ってるのが不愉快。

さだ　食べ物がなかった時代を知っている人間のひとりとして、うまいまずいを言うのは、本当に生意気だと思いますね(笑)。敵にまわす気はないけど、星いくつで評価したりね。

永　嫌い、嫌い。

二度と餓えた子どもの顔は見たくない

永　急に憲法の話をするけど。今のウナギのタレと同じでね。僕は大事なことだけが簡単に書かれていればいいと思ってるの[*132]。野坂昭如がね、「二度と餓えた子どもの顔は見たくない」って言ってたけど[*133]それをそのまま憲法の言葉にしたい。百何条ある難しい言葉で言うよりね。

さだ　わかりやすく、ということですね？　それには大賛成です。

永　俺、ラジオで憲法を全部、読んだことがあるの。2時間半くらいかかった。どういう反響があったかっていうと、「耳で聞いてもわからない」と。

さだ　そもそも、翻訳ですからね*134。

永　だからそういう意味で言うと、内容云々《うんぬん》の前に、耳で聞いてわかる憲法を持つべきだと思う。

さだ　さっきの食べ物の話に戻ると、いっぱい食べ物があるじゃないですか、日本って嫌になるほど。アメリカは作った食べ物の3分の2を捨てるそうですけど、日本も半分近く捨てるそうです。これって、「豊か」っていえるんですかね？　それだけ食べ物がある中で、子どもを家に閉じ込めて、自分は遊びに出かけて飢え死にさせてしまう親だっているわけですよ。これをどう伝えます？　僕は今のメディア、特に放送の責任が大きいと思う。

永　放送っていっても、僕らの世代は、ラジオからテレビになるじゃないですか。そこを知っている。今の子どもたちは全部一緒。

さだ　ゲームもネットも一緒です。

永　もう出てきた順番が覚えられない。ラジオからテレビ、白黒からカラーになって、今はスマホ？

さだ　今、3Dですよ。

永　そこを全部知ってる世代と、俺みたいに携帯がまったく使えない世代と……。

さだ　中国はいきなり携帯電話。固定電話を知りません。

永　いろんな世代やいろんな価値観がたくさんあるのに、テレビはそれを無視してる。

さだ　どういうふうに無視してますか？

永　事故や災害にしても共通する話題が狭い。歌にしても今のはやりの歌は誰も知らない。

さだ　どういう事情から？

永　世の中が急ぎすぎてる。

誰がそんなに急いでいるのか

永　例えば、東京から名古屋へ40分のヤツ、あるでしょ。

さだ　リニアモーターカーですね。
永　誰がそんなに急いでるの？
さだ　うーん、難しい質問ですね。
永　急いでるヤツがいるから、速いのを走らせようっていうのはわかるよ。でもそいつは誰だ？　そんなに急いでどうするの？
さだ　物を早く運ぶとかじゃないですか。
永　ワイドショーにしてもバラエティにしてもみんな急いでる。考える暇を与えないじゃない。
さだ　そうだよなぁ、カツカツですもんね、テレビ番組って。秒刻みですもんね。それがいけない？
永　いけない、いけない。ゆっくり生きにくい。
さだ　放送しない時間帯があってもいいですよね、NHKの教育（NHK Eテレ）みたいに。今のテレビって24時間やっていて、チャンネルを替えても、ずっと同じ人が出てますもんね。

永　昔はライブハウスとか若者が集まるところに行って、プロデューサーとかディレクターが人材を探しに行ってた。

さだ　昔のプロデューサーは偉いですねぇ。勉強するんですねぇ。

永　今は別のテレビ番組を見て、「面白いからこいつ出そう」って。

さだ　安直なんだぁ。

永　自分の足で探さないでしょ。ワイドショーのコメンテーターって呼ばれる人は主にそれじゃない？

さだ　プロデューサーの意向に沿った盛り上げ方を知っている人がコメンテーターとして使われている。それは悲しいけれど事実ですね。

永　あなたがNHKでやってるヤツ、あれも時々寒い風が吹いてるよ。

さだ　『今夜も生でさだまさし』ですね？　どういうところが寒いですか？

永　あなたを中心にして3人。全部、同世代でしょ？

さだ　そうか、共通する話題が狭いってことですか？　もっと若いのがいたほうがいい？　それとも永さんに入ってもらえばいい？

永　俺はやだ（笑）。

さだ　自分で出るのは嫌なんだ（笑）。でもそのくらいの年代のおじさん、番組にほしいな。

テレビを作ってきた責任を感じている

永　話が戻るけど、「テレビっていうのは、画面の中にどの世代の人も惹きつけられるものがあるようにしろ」と僕らは教わってきました。

さだ　すべての年代の人が理解できる映像を作れ、と。

永　そう、家族全員が楽しめるように。今、それがないでしょ？

さだ　ない。そもそも家族が居間に一緒にいないもん。

永　家族がバラバラなのがいけない。

さだ　そうしたのは、日本が便利になったからですよ。そして、なんでも急ぐから。

永　それがあるから責任を感じてる。だからテレビに出るのが恥ずかしい。

さだ だってそれは、永さんの責任じゃないですよ。

永 いや、責任です。

さだ 始めた人間としての？　だったら責任の取り方が違いますよ。それで出ないっていうのは、テレビの視聴者を捨ててるじゃないですか。出てもう一度、あるべき姿に戻さないと責任は果たせないと思いますよ。

永 僕はラジオが絡むことをしたい。

さだ ラジオからテレビへは戻せないですよ。

永 でも最近、スマホからも、テレビからも、ラジオが聴ける。だからラジオで何でもできちゃう。

さだ スマホ持ってる人は、そういう余裕、あるんですかね。あの小さなモノに支配されてますからね。

永 文字でも地図でも言葉でもそんなこと知らなくてもいいことがネットには書いてある。

さだ だから大切なことを覚えないんですよ。ネットに書いてあることは、実に怪しげです。ウィキペディアっていうネット百科事典に、「さだまさし」に関する記事が載ってるんですけど、嘘ばっかりです。

永　そうなの？

さだ　僕は自分に関する噂には耳塞《ふさ》ぎますから、それでもいいんですけど。僕のバンドのピアノをやってる倉田信雄ってのがいるんですけど、ウィキペディアにもちゃんと倉田のページがある。ウィキペディアって、自分がどこの誰かって名乗ればそこに書き込めるシステムなんです。思わず倉田が自分で名乗り出て、「正確に書き直した」って言ってましたから。そのぐらいネットで流れてる情報ってのは、いい加減。それを信じ込んでる人がいっぱいいますから。日本を壊すのに、ネットはいちばんてっとり早い。世界も壊れるかもしれませんが。

2020年パラリンピックに出たい

永　テレビは嫌だと言ったけど、最近、出ないといけないかな、と思っていることがあるの。

さだ　何ですか、それ。興味深いなあ。
永　すごい恥ずかしい話をするね。
さだ　聞きます。
永　2020年のパラリンピック[*135]に出ようと思って。
さだ　誰が？
永　俺が。パラリンピックは年齢制限ない。
さだ　そりゃそうかもしれませんが、いったい何の種目で出るんですか？
永　車椅子ダンス[*136]。
さだ　またこのおじさん、洒落《しゃれ》たことするわ。
永　東京パラリンピックの正式種目に車椅子ダンスが入れば……。
さだ　永さんが出る？
永　出る。
さだ　永さん、ところでやってるんですか？　車椅子ダンス。
永　やってるよ。松島トモ子[*137]に誘われて始めたの。

さだ　あの人もいろんなことやりますね。

永　車椅子ダンスっていうのは、障害のある人とない人がペアで踊るんだけど、松島トモ子は車椅子の青年と組んで、世界選手権に出場した。アジアの大会でも日本の大会でも優勝してる。車椅子ダンスのアジアチャンピオンなの。

さだ　話がすごいことになりましたね。

永　「せっかく車椅子なんだから、出たら面白い」ってトモ子に言われて。

さだ　「せっかく車椅子なんだから」って……いい言い方ですねぇ。そこらじゅうの車椅子の人に言ってあげますよ、俺。

永　でもその前に東京パラリンピックの種目に入らなきゃいけない。だからテレビに出て、呼びかけないといけない。

さだ　そっかそっか、正式種目に入らないと出られないのか。

永　車椅子ダンスを正式競技に入れる運動を手伝う？

さだ　手伝います！

永　名付けて、「永六輔をパラリンピックに出そう！」（笑）。

さだ　ヨン様をパラリンピックに？　これはもう楽勝ですよ。

つらい場面でも笑って話そう

永　車椅子ダンスは、パートナーが車椅子を押しながらその周りを踊るの。この間、成城ホールでやった。ただね、俺のいつもの車椅子と違って競技用の車椅子がある。

さだ　そうなんですね。

永　回してる人が大変。松島トモ子さんの役ね。だけど、パーキンソン病は立ちくらみがあったり、目が回ったりする病気でしょ？　「やろう、やろう」って誘いに乗って考えなしでやっちゃったもんだから、それ以来、世の中が回り始めた（笑）。

さだ　厄介だな、もう（笑）。

永　それには困ってる。

さだ　今も、世の中がずっと回ってるんですか？

永　うん、回ってる。

さだ　やだなぁ、それは直してくださいよ（笑）。

永　今でも後ろから、「永さん」って声かけられて振り向くと、背景が一緒に回ってくる。

さだ　原稿とか書いていても目が回るんですか？

永　急に顔上げたり、振り向いたりするとだめ。世界が回る。

さだ　それは普通の人間だってあるじゃないですか。

永　だからこういうふうに立ち上がろうとすると……。

さだ　あぁ、いいです。これ以上回り出したら厄介だからやめてください（笑）。

永　だから、パラリンピックは無理かもしれない。

さだ　何ですかそれ。たった今、ご自分で「出る！」って言ったじゃないですか（笑）。絶対出てくださいよ。病気だって治りますから。すごいですよ、今の医学って。

永　前にも話したけど、病気の話って注意しないと、楽しそうに話してると不愉快に思う人がいるからね。僕は自分の病気に深刻そうじゃないから。

さだ　同じ病気でもっと身動きできなくて、苦しんでる人もいますからね。車椅子ダンスでパラリンピックに出る、なんて言うとふざけてると思う人もいるのかもしれない。

永　僕は、どんなつらい場面でも、笑いが救うことがあると思ってる。できれば笑っちゃいたい。だから病気のことも笑って話をする。「永六輔は病気を笑ってる」って批判されることもあるけど、「永六輔が笑っているから勇気が出る」って人もいて、半々*138。

さだ　僕は最近、こう思ってるんです。敵が30%、味方が30%、残りの40%はどうでもいい人だって。だから全然気にしなくていいです。目指しましょうよ、車椅子ダンスでパラリンピック出場！

永　はははは。ところで、僕はあなたと話していて面白いんだけどさ、これ、まとまるの？

さだ　まとめなくていいんです！　この話はまとまりません！　永さんには申し

訳ありませんが、誰もまとめようなんて思ってません。いいんです、僕がこうして永さんの話を聞いて、「なるほどなあ」と学ぶことがあれば。

永　さっきも言ったけど、あなた暇だねぇ（笑）。

対談後記6

絶対に譲れない正義感がある

永さんは、右も左も、上も下もない人でした。何かに傾倒することがない。ひとつの主義主張にくみすることもない。寺社仏閣を大事にするかと思えば、唯物論を唱える人を応援する。誰かが何かひとつのことにこだわりすぎていると、横から近づいて、プッと針を刺して、ニュートラルに戻すようなところがありました。

例えば、永さんはずっと「沖縄」にこだわっていました。「大和の人間として、沖縄に借りがある」という言い方もしていました。「沖縄は、日本の矛盾の縮図」だとも。そしてその沖縄には、「日本の失われた文化が残っている」と。永さんは戦争に反対していましたが、「アメリカ、出ていけ」だとか「基地を返せ」だとか、そういう運動をしたいわけじゃなかった。日本人が根源的に抱えている矛盾の中に生きざるを得ない人たちが沖縄の人たちである、と捉えていました。そしてそこに〝日本の文化〟が残っている、と。永さんのいら立ちと切なさ。僕にもよくわかります。

那覇市の国際通りにあった小劇場「沖縄ジァンジァン」には、随分通っていたようです。そこでトークショーを行うわけですが、もちろんお金にはなりません。ほとんどボランティア。でも借りを返すために、永さんは沖縄に通い続けました。右も左も上も下もない人でしたが、「正義感」は強かった。憲法99条へのこだわりも、「二度と餓えた子どもの顔は見たくない」という野坂昭如さんの言葉を広めようとしていたことも、永さんの〝絶対に譲れない正義感〟から発した行動です。

僕にとっては、そういう永さんと喋ることに、本当に大きな意味がありました。

まさし　拝

「エビチリ3個の幸せ」でいい

永六輔さんとのお付き合いは、20歳になる前からのことですから、かれこれ40年以上になります。「師匠」というのも違うし、「大先輩」と呼ばれるのもご本人が嫌でしょう。「先生」と呼んだら席を立つね、絶対。あえて言うなら「先達」。でも、永さんはあまりにも遠くを歩いていました。先を行っているから、背中を追うのはとても難しい。

人生の中で、これまで「カバン持ちしてでも側にいたい！」と思ったのは、喜劇役者の藤山寛美さん（1929〜1990）と永さんの2人だけです。おふた方とも、鬼籍に入ってしまいましたが……。

この本の中にいる永さんは、明るくて優しくて、そして前向きです。僕にとってはいつもの永さんです。

いや、永さんはいつも変わらなかったのかもしれません。身分の上下にも態度が変わるわけでもなく、むしろ権威や権力に歯向かいました。世間が考えている常識に、いつも疑問を差し挟んでいました。

黒柳徹子さんが、青山葬儀所で行われた「六輔　永《なが》のお別れ会」の弔辞で、こんなことをおっしゃっていました。

〈(『夢であいましょう』のメンバーで)それで、でもやっぱり中華料理くらいは1回くらい食べたいということで、皆で中華料理を食べに行ったんですけれども。渥美(清)さんが「エビチリ食べたい、どうしてもエビチリ食べたい」って言うので、エビチリを頼んだんですけれど、どうみても皆の数からするとエビチリの数が少ないと私は思ったものですから、ぱっと計算して「1人3個」って、こういう風に言ったんですね。「3個以上食べたら絶対だめだから」って言ったら、渥美さんが「いつか俺が働いて、数えなくてもいいように食わせてやるよ」って。考えてみると、後の本当に、あの寅さんのよう（な言い方）でした。

その時に永さんが「いや、そんなことないよ」って。

「今がいちばん幸せなんだよ。年とっておなかがいっぱいっていうか、物が食べられなくなって、そんなもの数えたりしないで、いっぱい余っていても食べられなくなるほうが不幸せじゃないか。今のように皆で『3個』とか言っている今が、いちばん幸せなんだよ」って〉

永さんも黒柳さんも20代後半の若手の頃。『夢であいましょう』の時の話です。

先日、お嬢さんの永麻理さんに伺ったら、出演者の皆さんは皆仲良しで、永さんのお宅に、当時、毎晩のように集まっていたそうです。いいですね、そういう関係。

黒柳さんをはじめ、彼らはこの番組で一躍有名になりましたが、有名になったからといってすぐに収入が増えるわけじゃない。結果、皆、貧乏でした。

でもそれが「いちばん幸せなんだ」と永さんは語るのです。

永さんの〝お弁当箱〟の中身は？

有名になって、お金を稼いで、おいしいものをいっぱい食べる。

普通ならこう考えます。

ところが永さんは違った。そんなところに「幸せ」を見出していないんですね。美食にも贅沢《ぜいたく》にも浪費にも興味ない。ご家族の方にお話を聞くと、「贅沢もまったくしないし、それでいて我慢してるわけでもない。卵かけご飯食べて、『おいしい』って言って、それを幸せだと思っている人」だったそうです。

永さんの場合、有名になることや、お金を稼ぐことが目的じゃなかったんだろうな。僕もそれが目的じゃないけれど、永さんと違って僕の場合、映画を撮ったり、無人島を買ったり、いささかお金を使いすぎてしまうのが玉に瑕《きず》ですが……。

永さんのこのスタンスは、若い時分から最後まで変わらなかった。むしろ、自分が有名になること、自分が贅沢することに、恥ずかしさを感じていたんだと思います。

春日大社の権宮司だった岡本彰夫さんがおっしゃっていますが、人間は、神さまから「お弁当箱」を持たされているんだそうです。

ものすごく食べることに興味がある人は――つまりそのことに突出してしまうと、その分何かが削られる。ファッションにすごくこだわる人は、その分何かが削られる。お金もそう。何かに偏れば、必ず何かが削られている。その代わり、そういう〝欲〟に興味がない人は、神さまが別の何かを足してくれる。

永さんは、そういう意味で足された人――神さまに選ばれた人だったのかもしれません。

永六輔の功績は国民栄誉賞クラス

大袈裟《おおげさ》に思われるかもしれませんが、永六輔がこの世からいなくなったということは、ひとつの文化の消滅です。大きな損失です。

僕が総理大臣なら、永さんにこそ、国民栄誉賞を与えるね。どうでしょう？　政府関係者の皆さん。ま、あそこまで権力に歯向かえば、そんなことは絶対にあり得ないんでしょうが。

この本の中に収められている永さんの言葉は、永さんにとってのほんの一部です。とはいえ、ここには確実に、あの永六輔がいます。もう会って話を伺うことは叶いませんが、永さんの言葉を通じて、開かれる扉がある。気づきがある。読者の皆さんにとっても、そうなってくれることを願います。

永さんと同じことをしてもだめなんだろうけど、僕は永さんが歩んでいた道、歩もうとしていた道を、今後も進んでみたいと思っています。

皆さんも一緒にどうですか？　きっと楽しい仕事と人生が切り開けると思いますよ。

さだ　まさし　拝

＊1――三波春夫（みなみ・はるお／1923〜2001）「お客様は神様です」で知られる国民的歌手。シベリア抑留経験を持つ。代表曲『チャンチキおけさ』は200万枚超のヒットを記録。

＊2――1987年から20年間、広島原爆の日に、さだまさしが長崎の稲佐山公園野外ステージで行った、平和について考えるための無償コンサート。加山雄三ら多くのアーティストが参加した。三波春夫、永六輔も1998年の回に参加。

＊3――宮﨑康平（みやざき・こうへい／1917〜1980）作家。失明を理由に、島原鉄道常務取締役を辞任後、自身の調査研究をまとめた『まぼろしの邪馬台国』を口述筆記で発表し、ベストセラーに。第1回吉川英治文化賞を受賞。

＊4――帯谷瑛之介（おびや・えいのすけ／1916〜1993）放送作家。日本放送作家協会理事、「博多町人文化連盟」の事務局長を歴任。三島由紀夫や火野葦平など、作家たちとの交友も広かった。

＊5――種田山頭火（たねだ・さんとうか／1882〜1940）戦前の俳人。〈どうしようもない私が歩いてゐる〉など自由律俳句で有名。永六輔もラジオでたびたび言及し、山頭火ブームのきっかけのひとつを作った。

＊6――永六輔は戦後、疎開先の長野から戻り、早稲田中学校（旧制）に編入。その後、早稲田大学第二文学部に進む。在学中に放送作家としてデビューし、早稲田大学を中退した。

＊7――森繁久彌（もりしげ・ひさや／1913〜2009）早稲田大学在学中から演劇活動を始める。代表作にミュージカル『屋根の上のヴァイオリン弾き』。自ら作詞・作曲した『知床旅情』は大ヒットした。現代演劇界初の文化勲章受章者。

＊8――山口百恵（やまぐち・ももえ／1959〜）1973年デビュー。歌、映画、ドラマと70年代の芸能界を席巻したが、80年三浦友和との結婚を機に引退。さだも『秋桜』を提供している。

＊9――さだが作詞・作曲し、1974年にリリースした「グレープ」の2作目で、この年の第16回日本レコード大賞作詩賞を受賞。130万枚を超える大ヒットとなった。

＊10――宮﨑康平が、自分の子どもに歌っていた歌をベースに作詞作曲した。1957年発表。

＊11――歌・梓みちよ、作詞・永六輔、作曲・中村八大で1963年にリリース。永氏の詞は「パパの歌」だったが、ママに変更して100万枚超の大ヒット。第5回日本レコード大賞を受賞した。

＊12――長崎県大村湾の小島。1979年にさだまさしが購入し、詩島（うたじま）と名付けた。詩島天満宮や宿泊施設

がある。

＊13——永六輔は2010年、パーキンソン病と診断される。この病は特定疾患の難病で、手足の震えや筋肉が強ばるなどの症状が出る。

＊14——1964年10月に開催された東京五輪のテーマソング（作詞・宮田隆、作曲・古賀政男）。様々な歌手の競作で発表されたが、三波春夫盤が最もよく売れた（130万枚超）。

＊15——浪曲師時代の経験を元に三波春夫自ら作詞した『長編歌謡浪曲　元禄名槍譜　俵星玄蕃』（作曲・長津義司）。「三波春夫の最高傑作」と評価が高い。

＊16——1996年暮れにレコーディングした『明日咲くつぼみに』（作曲・久米大作、1997年発売）。永六輔のリクエストで、呟くような歌い方で録音された。この4年後、前立腺癌のため死去。

＊17——歌・坂本九、作詞・永六輔、作曲・中村八大で1961年にリリース。海外では『スキヤキ』の題で知られ、1963年に米国ビルボード週間チャートで1位を獲得した。

＊18——1960年初演の同名ミュージカルの劇中歌で、坂本九の代表曲のひとつ。作詞・永六輔、作曲・いずみたく。

＊19——坂本九（さかもと・きゅう／1941〜1985）歌手、司会、俳優として活躍。永六輔が日本語詞を手がけた『レットキス』など数多くのヒット曲を持ち、全世界でのレコードの売上は1500万枚以上。1985年8月12日、日航機墜落事故で死去。

＊20——フジテレビ系で放送された北海道・富良野を舞台としたドラマ『北の国から』（1981〜2002）。さだは脚本家・倉本聰のたっての願いで、主題歌『北の国から〜遥かなる大地より〜』を書き下ろした。倉本との打ち合わせの最中、30分で作った曲だという。

＊21——作詞・永六輔、作曲・さだまさしの『ふ』は、さだの歌手活動25周年記念アルバム『季節の栖』（1999年発売）に収録された。同アルバムでは、加山雄三や三波春夫、山本直純ら13人とコラボレーションしている。

＊22——知り合いを6人たどれば世界中の誰とでもつながる、という仮説で、「六次の隔たり」と呼ばれる。

＊23——井伊直弼（いい・なおすけ／1815〜1860）幕末の大老。勅許を得ずに日米修好通商条約に調印。反対勢力

を弾圧したため（安政の大獄）、水戸の浪士らに江戸城桜田門外で殺された（桜田門外の変）。

＊24―淀川長治（よどがわ・ながはる／1909〜1998）映画評論家。テレビの映画解説の「サヨナラ、サヨナラ、サヨナラ」という結びの言葉が有名。高校生の永六輔は、当時淀川が編集長だった雑誌『映画の友』主催の「映画の友―友の会」に足繁く通い、淀川の薫陶を受けた。

＊25―和田誠（わだ・まこと／1936〜2019）イラストレーター。週刊誌や単行本の表紙、挿絵などのほか、映画『麻雀放浪記』の監督も務めた。妻は料理研究家の平野レミ。

＊26―おすぎ（1945〜）映画評論家。ピーコとは一卵性双生児でおすぎが弟。口癖は「どうせ私たちはオカマだから」。歯に衣着せぬ発言で知られる。永六輔とさだの共通の友人。

＊27―倉本聰（くらもと・そう／1935〜）脚本家、演出家。代表作に『前略おふくろ様』『北の国から』。北海道・富良野に居を構え、数々の名作を世に送り出した。さだまさしとも親交が深い。

＊28―これは永六輔の思い違い（？）。倉本聰は永六輔の1学年下で、1月1日生まれ。

＊29―永六輔は、浅草の浄土真宗最尊寺（1600年代後半創建）の次男として生まれた。

＊30―浅草六区にあったストリップ劇場。現在は、いろもの寄席「浅草フランス座演芸場東洋館」。ストリップの幕間にコントが演じられ、東八郎、萩本欽一、ビートたけし、浅草キッドらを輩出。

＊31―井上ひさし（いのうえ・ひさし／1934〜2010）フランス座の進行係兼文芸部員のアルバイトを経て、劇作家に。『手鎖心中』で直木賞を受賞。代表作に、テレビ人形劇『ひょっこりひょうたん島』、舞台『頭痛肩こり樋口一葉』など。

＊32―渥美清（あつみ・きよし／1928〜1996）日本を代表する喜劇俳優。フランス座を経て、永六輔が手がけた『夢であいましょう』に出演しお茶の間の人気者に。代表作は映画『男はつらいよ』（1969〜1995年、全48作）。国民栄誉賞受賞。

＊33―NHKのバラエティ番組（1961〜1966）。毎週土曜夜、生放送された。永六輔が構成を手がけ、黒柳徹子や坂本九、三木のり平が出演した。『上を向いて歩こう』や『こんにちは赤ちゃん』といったヒット曲もこの番組から生まれた。

＊34―永六輔と黒柳徹子はテレビ草創期からの友人で、永は黒柳のことを「チャック」と渾名で呼ぶ。永のお別れ会で

も黒柳が発起人代表となり弔辞を読んだ。

＊35――三木鶏郎（みき・とりろう／1914～1994）作詞、作曲、CMソング、脚本、演出……と戦後から1970年代に活躍した放送界の巨人。三木はこれら吹き替え版の演出を担当した。永六輔は三木に見出されてこの世界に入る。

＊36――浅沼稲次郎（あさぬま・いねじろう／1898～1960）政治家。戦後、日本社会党結成に参加し、書記長、委員長を歴任。60年安保闘争を指導したが、右翼の少年に刺殺された。

＊37――メジャーリーグのスターだったジョー・ディマジオは、ハリウッド女優のマリリン・モンローと、1954年に結婚。同年、新婚旅行で日本を訪れたが、9カ月で離婚。

＊38――『ヤン坊ニン坊トン坊』はNHKラジオ第1で放送されていた子ども向けラジオドラマ（1954～1957）。黒柳徹子の初の主演番組。ラジオドラマ史上初めて大人の女性が子どもの声を演じた。

＊39――1951年、民間放送開局に合わせ、三木鶏郎は日本初のCMソング『僕はアマチュアカメラマン』を発表。他にも『ミツワ石鹸』『明るいナショナル』『キリンレモン』などを世に送り出し、コマソン全盛時代を築いた。

＊40――GHQ占領下の1947～1952年に放送されたNHKラジオ『日曜娯楽版』。聴取率は80％を超えた。中でも、投稿を元に、歌と歌の間に風刺やコントを挟む「冗談音楽」のコーナーが人気で、中学生の永六輔は常連投稿者だった。

＊41――野坂昭如（のさか・あきゆき／1930～2015）作家、政治家。三木鶏郎の個人収入を冗談工房の収入と勘違いして使い込み、会社をクビに。その後、『火垂るの墓』『アメリカひじき』で直木賞受賞。タレントとしても人気に。

＊42――大橋巨泉（おおはし・きょせん／1934～2016）司会者、放送作家、評論家、政治家。『11PM』や『クイズダービー』の司会で名を馳せる。黒柳徹子いわく「テレビの巨人」。永六輔とも親交が篤かった。2016年7月、永が亡くなった5日後に逝去。

＊43――寺山修司（てらやま・しゅうじ／1935～1983）詩人、歌人、劇作家、映画監督、劇団天井桟敷主宰。多くの分野に前衛的秀作を残し、既成の価値にとらわれない生き方を終始貫いた。

＊44――小沢昭一（おざわ・しょういち／1929～2012）俳優、芸能研究者。早稲田大学在学中、日本初の学校での落語研究会を創設。芸能史など民俗学の研究者としても評価が高い。永六輔の盟友。

＊45—中村八大（なかむら・はちだい／1931〜1992）作曲家、ピアニスト。早稲田大学在学中にジャズピアニストとしてデビュー。永六輔との「八六コンビ」で『上を向いて歩こう』や『遠くへ行きたい』など数多のヒット曲を生んだ。
＊46—ジョージ川口、中村八大、松本英彦、小野満の4人で結成されたジャズバンド。1950年代の大衆ジャズブームの中心にいた。
＊47—永六輔と中村八大がコンビを組んで、初めて作った歌謡曲のひとつ。計57万枚の大ヒットとなった。
＊48—水原弘（みずはら・ひろし／1935〜1978）歌手、俳優。1959年に『黒い花びら』でデビューし、一躍スターに。映画『みな殺しの歌　拳銃よさらば！』で主役を演じた。
＊49—黛敏郎（まゆずみ・としろう／1929〜1997）作曲家。日本初の電子音楽作品を発表したことでも知られる。1953年、芥川也寸志、團伊玖磨と「三人の会」を結成。テレビ番組『題名のない音楽会』の司会も長らく務めた。
＊50—芥川也寸志（あくたがわ・やすし／1925〜1989）作曲家、指揮者。芥川龍之介の三男。戦後の管弦楽、創作オペラの第一線で活躍。「反核・日本の音楽家たち」運動を主導した。
＊51—團伊玖磨（だん・いくま／1924〜2001）作曲家、随筆家。1952年初演のオペラ『夕鶴』で高く評価される。『ぞうさん』『おつかいありさん』など童謡曲も多い。
＊52—野上照代（のがみ・てるよ／1927〜）映画スクリプター。黒澤明監督の映画『生きる』以降の全黒澤作品に記録・編集・制作助手として参加。映画『母べえ』の原作者としても知られる。
＊53—團伊玖磨は『アサヒグラフ』で36年間、エッセイ『パイプのけむり』を連載（現在は『パイプのけむり選集』として入手可能）。名エッセイストとして名を馳せた。
＊54—黛敏郎の企画・司会で1964年8月より放送が始まる（現在はテレビ朝日系）。永六輔は黛の急逝後、97年5〜9月の間、代理司会を務めた。ギネス認定の「世界一長寿のクラシック音楽番組」。
＊55—石井好子（いしい・よしこ／1922〜2010）歌手。政治家・石井光次郎の二女。シャンソンの祭典「パリ祭」を開催するなど、日本のシャンソン界をリードした。フランス芸術文化勲章「コマンドール賞」を受賞。
＊56—石井光次郎（いしい・みつじろう／1889〜1981）政治家。運輸相、副総理、衆議院議長などを歴任。自由党

幹事長として1955年の保守合同に尽力した。

＊57――いずみたく（1930〜1992）作曲家、政治家。永六輔の紹介で冗談工房に入社し、数々のCMソングを制作。永六輔とのコンビで『見上げてごらん夜の星を』『いい湯だな』などのヒットを飛ばす。代表曲に『手のひらを太陽に』『夜明けのスキャット』など。

＊58――江戸時代より続く化粧品メーカー「伊勢半」が、戦前の1935年から展開する化粧品ブランド。永六輔が指しているのは、同グループのキスミー販売株式会社のことか。

＊59――1948年より始まった戦後日本の音楽文化運動。日本共産党系の青年労働者を中心に全国に広まり、60年代に最盛期を迎えた。

＊60――いずみたくが初めて手がけたミュージカル。定時制高校生の青春をテーマに、永六輔が企画・台本・演出を担当。劇中歌『見上げてごらん夜の星を』も大ヒットした。

＊61――1946年に鎌倉市に開校した寺子屋式大学。民主主義的な男女共学により、お互いが自由に学び合う場を作ることを目的にした。４年で閉校したが、多くの若き才能を輩出した。

＊62――山口瞳（やまぐち・ひとみ／1926〜1995）小説家。寿屋（現サントリー）の宣伝部社員時代に、『江分利満氏の優雅な生活』で直木賞受賞。代表作にエッセイ『男性自身』シリーズ。

＊63――前田武彦（まえだ・たけひこ／1929〜2011）放送作家、司会者。愛称「マエタケ」。テレビ草創期のスターのひとり。『シャボン玉ホリデー』の台本、『夜のヒットスタジオ』『笑点』などの司会で活躍。

＊64――力道山（りきどうざん／1924〜1963）プロレスラー。大相撲の関脇からプロレスに転じ、空手チョップでプロレスブームの立て役者となる。プロレスブームはテレビの普及にも貢献した。

＊65――ハロルド坂田（はろるど・さかた／1920〜1982）日系人プロレスラー。ロンドン五輪重量挙げ銀メダリスト。映画『007 ゴールドフィンガー』などに出演。力道山をプロレスに引っ張り込んだ人物としても知られる。

＊66――ミスター珍（みすたー・ちん／1932〜1995）プロレスラー、タレント。悪役レスラーとして一世を風靡。60歳を超える高齢でFMWに参戦し日本人現役最高齢レスラーとなる。

*67―ユセフ・トルコ（1930～2013）プロレスラー、俳優。トルコ人の両親の間に生まれ、日本で育つ。アントニオ猪木の新日本プロレスの旗揚げの際にはレフェリーとして参加。
*68―永六輔は1995年、『こんにちは赤ちゃん』（すえもりブックス）という自身初の絵本を上梓した。
*69―永六輔（41歳）は1974年、野坂昭如（44歳）、小沢昭一（45歳）と「中年御三家」を結成。各地でコンサートを行った。特に同年末の日本武道館でのコンサートでは「ビートルズ以来の盛況」と自画自賛するほどだった。
*70―日本は1959年に計量法を改定し、尺貫法の使用を禁止した。曲尺を使った職人が連行される事態に、永六輔は1976年、ラジオで尺貫法復権を提唱。法律の再改定はならなかったが、永の運動によって尺貫法の使用は黙認された。
*71―米穀配給通帳とは、戦時下の1942年、米の配給を受けるために発行されていた通帳。戦後復興をなし得た後も、法令が改正されず、毎年印刷され、使われないまま廃棄されていた。永六輔はラジオで米穀配給通帳を俎上に挙げ、無駄を問題視した。新聞でも報じられるようになり、政府は1981年、ようやく法律を改正した。
*72―自然災害の被災障害者の支援活動を行うNPO法人。1995年、阪神淡路大震災障害者救援を目的に、永六輔や小室等らの呼びかけで発足した。
*73―末盛憲彦（すえもり・のりひこ／1929～1983）NHKプロデューサー。『夢であいましょう』、永六輔とタモリが共演した『ばらえてぃ テレビファソラシド』（1979～1982）などの演出を手がけた。
*74―末盛千枝子（すえもり・ちえこ／1941～）絵本プロデューサー。「ボローニャ国際児童図書展」でグランプリを受賞。皇后・美智子さまの講演録やターシャ・テューダーの絵本を手がける。
*75―全国から絵本を募り、それを被災地の子どもたちへ届けるプロジェクト。すでに10万冊以上の絵本を届けている。
*76―永六輔作詞、中村八大作曲。バラエティ『夢であいましょう』の「今月の歌」として作られた。その後、1970年にスタートした旅番組『遠くへ行きたい』（読売テレビ・日本テレビ系）のテーマ曲としても使われた。
*77―さだまさしは3歳からバイオリンを始め、小学5、6年の時には、九州地区のコンクールで賞をもらう。受賞をきっかけに東京の有名な音楽の先生に師事、中学1年から東京で一人暮らしを始める。

＊78―1958年から1960年まで日本テレビ系で放送された、日本初の音楽バラエティ番組で、脚本を永六輔らが手がけた。女優・草笛光子がメインなのでこの名前に。

＊79―2代古今亭志ん朝（ここんてい・しんちょう／1938〜2001）5代古今亭志ん生の次男。「江戸前の古典落語の名手」と言われた。映画『平成狸合戦ぽんぽこ』のナレーションでも知られる。

＊80―5代古今亭志ん生（ここんてい・しんしょう／1890〜1973）8代桂文楽とならび称される戦後の大名人。天衣無縫・八方破れといわれる芸風で人気に。得意の演目は『火焔太鼓』『文七元結』など。

＊81―10代柳家小三治（やなぎや・こさんじ／1939〜2021）趣味人としても知られ、マクラのみの速記集『ま・く・ら』はベストセラーに。落語協会会長などを歴任。2014年に人間国宝に。

＊82―さだまさしの母・佐田喜代子は、長い間パーキンソン病を患っていた。2016年4月、90歳で亡くなる。

＊83―長嶋茂雄（ながしま・しげお／1936〜）「ミスター・ジャイアンツ」と呼ばれ、プロ野球人気を支えた。巨人軍終身名誉監督。2013年国民栄誉賞を受賞。2004年に脳梗塞で倒れたが、壮絶なリハビリで社会復帰した。

＊84―諏訪大社は長野県・諏訪湖にあり、国内にある最も古い神社のひとつ。末社は全国に約2万5000社ある。長崎の諏訪神社もそのひとつで、「おすわさん」と呼ばれ、10月には「長崎くんち」が奉納される。

＊85―鎌田實（かまた・みのる／1948〜）諏訪中央病院名誉院長、日本チェルノブイリ連帯基金理事長。東日本大震災でも医師・看護師の派遣などの支援を行う。『大・大往生』など著書多数。

＊86―若月俊一（わかつき・としかず／1910〜2006）医師。佐久総合病院院長、日本農村医学会会長などを歴任。無医地区の巡回診療、集団検診を行ない、全村健康管理方式を確立した。

＊87―1945年7月10日の米軍B29による仙台市中心部への爆撃。東京以北最大の空襲と言われ、市街地の2割が灰燼と化した。永六輔は仙台市に近い白石市に疎開していたため、空襲後、長野に移った。

＊88―勝海舟（かつ・かいしゅう／1823〜1899）幕臣。長崎の海軍伝習所で航海術を習得。遣米使節の随行艦咸臨丸の艦長として太平洋を横断。陸軍総裁として江戸無血開城を実現した。

＊89―幕府が1855年、オランダ海軍士官を教官として長崎に開設。勝海舟、榎本武揚、五代友厚らがここで学び、

海軍創設の基礎となった。

＊90――今東光（こん・とうこう／1898～1977）作家、天台宗僧侶、政治家。『お吟さま』で直木賞受賞。型破りな作家として人気があった。

＊91――永六輔は著書『暴力団ならびに田舎ッぺェ諸君！』（1985年）で、ミュージカル『ヤッパンマルス』のシノプシスを発表している。2013年11月の雑誌インタビューでも、永は「いつか書き上げたい」と答えている。

＊92――堀内敬三（ほりうち・けいぞう／1897～1983）音楽評論家。「浅田飴」オーナー・堀内伊太郎の三男。日本大学教授を経て、音楽之友社を設立。雑誌『音楽之友』を創刊した。NHKラジオ『音楽の泉』の司会・解説も務めた。

＊93――堀内伊太郎（ほりうち・いたろう／1868～1931）実業家。父・伊三郎が創製した水飴を「浅田飴」と改め、販売。現在の医薬品・健康食品販売会社「浅田飴」の礎を築く。

＊94――浅田宗伯（あさだ・そうはく／1815～1894）漢方医学の大家。フランス公使ロッシュの病気を治療し名声をあげ、幕府奥医師に。維新後は東宮侍医をつとめた。幕末、篤姫の密書を西郷隆盛に渡し、江戸城無血開城に一役買ったと言われている。

＊95――西郷隆盛（さいごう・たかもり／1828～1877）薩摩藩士。薩長同盟、戊辰戦争を主導。江戸城の無血開城を実現した。新政府の陸軍元帥兼参議となるが、征韓論などで下野。西南戦争で敗れ自刃した。

＊96――永六輔は浅田飴のCMに、1970年から13年おきに出演（計3回）。永が喋り続けるCMは話題となり、真似る人間が続出した。永の顔と名はこのCMで世間に広まった。

＊97――1970年から放送が始まり、今なお続く先駆けにして、最長寿の旅番組。読売テレビ制作。最初は、永六輔の単独出演だった。

＊98――京都・先斗町にあったスナックで、元舞妓のおかあさんがやっていた。さだまさしは20代半ばで訪れ、以後足繁く通うようになる。おかあさんはその数年後、60歳で亡くなった。

＊99――山本直純（やまもと・なおずみ／1932～2002）作曲家、指揮者。「ひげの指揮者」として親しまれ、『男はつらいよ』などの映画音楽やCMソングの作曲でも知られる。

＊100――オーストリアの作曲家、シューベルトの歌曲集。1827年の作で、シューベルト三大歌曲集のひとつ。演奏時間は約75分。

＊101――1979年10月に発売されたさだまさしのシングル。軽井沢音楽祭のために制作された楽曲で、オリコン1位を記録した。演奏時間は12分30秒。山本直純が編曲を担当。

＊102――2000年10月から約3年半、さだまさしが歌う『遠くへ行きたい』が流れた。2014年4月からは、歴代のオープニングテーマ曲が週替わりで使用されている。

＊103――この対談の後、永六輔は、2013年7月21日、同年8月11日と、車椅子に乗って京都を訪れた。番組冒頭、「僕の旅は、行く旅ではなく、帰る旅。今回は会いたい人がたくさんいる、京都へ帰ってきました」と語った。7年ぶり、かつ最後の当番組出演となった。

＊104――1973年から小沢昭一の亡くなる2012年まで、約40年間にわたってTBSラジオで放送されたトーク番組。放送回数は1万410回。

＊105――1967年から2013年まで、TBSラジオで放送されていた永六輔の看板番組。放送回数は1万2635回。

＊106――秋山ちえ子（あきやま・ちえこ／1917～2016）評論家。『秋山ちえ子の談話室』（TBSラジオ）は1957年から始まり45年間続いた（1万2512回）。「マスコミ九条の会」呼びかけ人のひとり。永六輔の3カ月前、2016年4月に逝去。

＊107――遠藤泰子（えんどう・やすこ／1943～）フリーアナウンサー、ナレーター。1969年より『永六輔の誰かとどこかで』のアシスタントを担当。最後まで務めた。

＊108――『今夜も生でさだまさし』（NHK）。さだまさしが深夜、ラジオのディスクジョッキースタイルで送る生放送トーク番組。2006年に放送が始まり、現在も続いている。

＊109――『徹子の部屋』（テレビ朝日系）は、1976年に始まったトーク番組。永六輔は対談時点では最多出演だったが、2016年11月現在、加山雄三が1位。2016年2月4日、大橋巨泉とのW出演が永にとっての最後の出演になっ

ている。
＊110―永六輔がデビューした『日曜娯楽版』も政治風刺が過ぎるという理由で、政権の圧力によって終了したと言われた(計39回)。
＊111―井上ひさし原作・脚本のNHK人形劇の傑作『ひょっこりひょうたん島』(1964〜1969)。笑いと風刺、冒険が満載で、絶大な人気を得た。
＊112―放送行政は郵政省の管轄だったが、2001年の省庁再編で総務省と統合。放送行政の管轄もそのまま総務省に移った。2016年2月の衆院予算委員会で高市早苗総務相は、放送局が政治的公平性を欠く放送を繰り返せば停波を命じる可能性に言及した。
＊113―川島芳子(かわしま・よしこ／1907〜1948)清朝の皇族・粛親王善耆の第14王女。本名は愛新覚羅顯玗。戦中、日本軍に協力して情報活動に従事し、男装の麗人とも東洋のマタハリともいわれた。終戦後、中国・国民政府軍に捕らえられ、銃殺された。
＊114―有吉佐和子(ありよし・さわこ／1931〜1984)小説家。『華岡青洲の妻』で女流文学賞受賞。代表作に『恍惚の人』。
＊115―1978年頃に永六輔らが「いっそ地方は独立して、独自性を出したらいい」と、国旗や国歌、経済政策などを勝手に制定。ラジオで発表し話題に。
＊116―張作霖(ちょう・さくりん／1875〜1928)中国の軍人。陸海軍大元帥を称したが、関東軍に列車を爆破され死去。
＊117―張学良(ちょう・がくりょう／1901〜2001)中国の軍人、政治家。第2次国共合作の端緒をつくるも、後に台湾に幽閉された。
＊118―大正初期の中国人の旅行記を日本語に訳した、外務省調査部発行の『新疆事情』には、〈日本人佐田繁治アリ。国際探偵ナリ〉と書いてある。
＊119―青幇(チンパン)、紅幇(ホンパン)は共に、中国近代の反体制的秘密結社。青幇は上海などの港を中心に広がり、紅

幇は長江内陸部に勢力を誇った。

＊120――著書によって、「16代目」や「18代目」と書いている場合も。

＊121――現在の台東区元浅草のあたり。現在、「永住町」の地名はなく、永住町町会会館など地域施設名にわずかにその名を残す。

＊122――瀬戸内寂聴（せとうち・じゃくちょう／1922〜2021）作家、天台宗尼僧。家族を捨て愛人と出奔したことを契機に、作家・瀬戸内晴美として小説を執筆。今東光に弟子入りし51歳で得度。寂聴と名を変える。寂庵の庵主として、旺盛な執筆活動を続けた。

＊123――〈永六輔さんがタクシーで追突　左肩打撲〉（2010年11月18日、日刊スポーツ）など、事故の翌朝、一斉に紙面に載った。

＊124――事故が起きたのは2010年11月のことだが、この年、小沢昭一の前立腺がんが頸椎へ転移。その後、悪化の一途をたどり、2012年秋から入院。同年12月10日、帰らぬ人となった。83歳だった。その4年後、奇しくも永六輔も83歳で亡くなった。

＊125――今回の2度目の対談は、NHKスタジオで行われた。それゆえの「スカスカ」。

＊126――永六輔とタモリはNHK『テレビファソラシド』で共演。タモリを出演させることが、永が引き受ける条件だった。番組が始まった1979年当時、NHKはサングラス不可。末盛憲彦プロデューサーが上司を説得し、ようやく実現。タモリはこの番組で全国区の人気者となった。

＊127――ピーコ（1945〜）ファッション評論家。ワイドショーの「辛口ピーコのファッションチェック」でお馴染み。おすぎの兄。永六輔とさだの共通の友人。

＊128――高柳健次郎（たかやなぎ・けんじろう／1899〜1990）電子工学者。大正時代よりテレビの研究を始め、1926年に「イ」の字の電送に成功。1939年日本初のテレビジョン放送公開実験を行った。

＊129――日本でテレビ放送が始まったのは1953年。20歳の永六輔はすでに放送作家の仕事を始めており、NHKと日本テレビの開局番組に関わっている。

＊130―高柳健次郎財団に問い合わせたところ、真偽のほどは不明とのこと。
＊131―2013年に相次いで起こった、一流ホテルのレストランでの食品偽装事件。バナメイエビを芝エビ、ブラックタイガーを車エビと表示していた。
＊132―永六輔はラジオでも常々、「99条は憲法を変えてはいけないという条文。それなのに国会議員が変えると言い出すのはおかしい」と改憲の動きを批判。ただし現行憲法は「わかりにくい」と指摘。憲法9条だけを日本国憲法にし、他は全部、別の法律に組み込めばいいと語っていた。
＊133―戦争を体験した野坂昭如が言い続けていた言葉。野坂の葬儀でも、永六輔が弔辞の中で何回も言及した。永自身、『二度と餓えた子どもの顔は見たくない』という、たった一行、世界でいちばん短い憲法にしたらどうか」と提案している。
＊134―日本国憲法は、GHQから提示された「マッカーサー草案」を元に、草案を翻訳する形で作られた。「押しつけ憲法」と言われる所以である。しかしGHQ草案は、日本の学者たちのグループ「憲法研究会」の試案「憲法草案要綱」の多大な影響を受けたことがわかっている。
＊135―東京都で開催された第16回夏季パラリンピック「東京パラリンピック」のこと。
＊136―約60年前に始まった健常者と障害のある人が一緒に踊るコンビダンス。日本では1991年より行われている。1998年に初の世界選手権が行われた。
＊137―松島トモ子（まつしま・ともこ／1945〜）女優。『鞍馬天狗』をはじめ80本の映画に主演。日本車いすダンススポーツ連盟理事。第1回車いすダンスアジア太平洋選手権大会、第1回全日本車いすダンススポーツ選手権大会で共に優勝。
＊138―実際は「もっと笑って話してくれ」というリスナーのほうが多かった。「病気の話を笑ってするな」というリスナーからの批判に対して、永六輔は、〈僕はどんなつらい場面でも、笑いがそれを救うことはあると思ってます〉と答えている。また、病気であれ怪我であれ、〈何が起きても面白い、っていう性格なんでしょうね〉〈笑って誤魔化してる〉とも。

第2部

永六輔の今を生きる36の言葉

「活躍は多岐にわたるけど、
根底にあるのは常に〝言葉〟だったと思う。
永六輔さんの言葉をいつまでも
大事にして生きていきたい」（黒柳徹子さん）

「今までもこれからも、僕の先生は永六輔さんです。どの仕事でも、僕の根底には永さんから学んだ〝自由〟があった」（久米宏さん）

「一つの時代を築いた稀代《きたい》の天才だったと思う。暮らしぶりはいつも質素だったけど、ものの価値判断がうまかった」（小林亜星さん）

「どんな質問をしても答えが返ってくる。
しかも、難しい答えじゃなく、うまい答え。
永さんの発想力と知恵にはいつも驚かされる」（タモリさん）

「人に会う行動力が半端じゃなく、
その後の付き合い方もうまい。
仕事や人生の目標とも言うべき存在でした」（さだまさしさん）

「仕事だけでなく、生き方にこだわることの大切さを教えてくれた」（清水ミチコさん）

「私への批判に内緒で対応してくれた。〝粋〟な人でした」（TBSアナウンサー外山惠理さん）

「他人の悪口を言っているのを、見たことも聞いたこともない」（元マネージャー佐伯美佳さん）

僕から最初に伝えたいこと

「永六輔の孫」として、20年間生きてきました。

自分の祖父が特別な人物だと知ったのは、小学校に入ってからです。授業参観の日、母（永六輔の娘としても知られた元フジテレビアナウンサー）を見た親たちが、家に帰って話題にする。その翌日から僕は、「すごい人の孫」になる。

「おじいちゃん、すごい人なんでしょ？　どんな人なの？」

同級生たちが興味津々に聞いてきました。

幼い僕は何も答えられず、話題を変えるしかありません。聞かれるのが嫌なわけでも、恥ずかしいわけでもない。何がすごいのか、本当に理解できていなかったのです。

たしかに祖父とは頻繁に会い、食事をし、旅をしました。しかし、いつも他愛もない会話ばかりで、取り立てて「ためになるような話」はしない。

そもそも僕たち家族は祖父のことを本名で「タカオ（孝雄）くん」と呼びますから、「永六輔って何者!?」とこちらが聞きたい気分でした。

「どんな人なの？」

祖父が武勇伝や哲学を僕に語ってくれていたら、この質問に気の利いた返しができるのに。自分は永六輔の孫だと胸を張って言えたのに…。

祖父が亡くなる2年ほど前でしょうか。僕は漠然と焦り始めました。病気に苦しむ祖父を見て、祖父の命はそう長くないと感じたからです。

他愛のない話ばかりでなく、もっと本質的で、哲学的な話をしてみたい。後悔しても遅い。今のうちに何か教えてもらおう。何か学びを得よう。

そう思ってある日、祖父の家を訪ねました。

「タカオくんはこのニュースについてどう思う？」「これからどうなっていくんだろうね」「何が大事なんだろうね」

一緒にテレビを観ながら、まるで密着番組のインタビュアーのように、「教え」を引き出すための質問を重ねました。

しかし、作戦はことごとく失敗に終わりました。

どんな話題を振っても、それに関連する豆知識のようなものを話して、「あははは！」と笑って終わり。心に残るようなことは、何も言わない。

「相撲の土俵ってあるでしょ。あれ、織田信長が原型を作ったの」

僕は驚きながらうなずきました。相撲の土俵の起源はたしかに興味深い話です。でも、今はそんなことが聞きたいわけじゃない。あなたは僕の祖父で、「すごい人」らしい。だったらそれらしいことを、孫にも教えてほしいのだ。

それでも祖父は、あらゆる質問をかわしました。僕は諦めて普段通り、一緒に散歩をしながら他愛のない会話をして、帰りました。

祖父のことを疑いました。世間はあなたをすごい人だというけれど、本当は大したことないんじゃないか。時代の流れでうまくいっただけで、僕と何も変わらない普通の人なんじゃないか。

一人の祖父としては好きだけれど、特別な尊敬の念などはありませんでした。

「お別れの会」での出会い

それから2年が経《た》ち、祖父が亡くなりました。僕にとってはただ、自分の祖父が亡くなっただけのことです。しかし世間の反応は、違いました。

「戦後の日本文化をリードした」「昭和を代表する偉人」「今世紀の日本が生んだ稀有《けう》な人物」

ニュース番組、新聞、通学で通る渋谷のスクランブル交差点の大型ビジョンまで、そんな文言と共に祖父の顔が映し出されました。ついこの間まで見ていた祖父の顔。

しかし、自分が知っているあのタカオくんと、同じ人物だとは思えません。

「お別れの会」には無数の報道陣が集まり、参列者は誰もが知る著名人ばかり。外を見れば、会場に収まりきらないファンの方々が、雨の中、列を作って待っている。

その中で、誰よりも激しく泣いている若い女性に目を引かれました。年配の方が多い中、珍しく若い女性が交ざっていて、しかも目を腫らすほど泣きじゃくっていたからです。

どうしてその年齢で、そこまで祖父に思い入れがあるのか。僕は気になり、会場の出口で待ちました。

「すみません、僕、永六輔の孫なんですけど、どうしてそんなに泣いてらっしゃるんですか?」

その人は、涙ながらに話してくれました。

「学生の頃、ひどいいじめにあっていまして。もうどうしようもなく、死のうと思って富士山麓に行きました。そこで私は、携帯用ラジオを聴いていたんです。永さんの番組のファンだったので、最後に聴こうと思って。すると、早口でしゃべり続けたり、『はははは!』と大きく笑い飛ばしたり、永さんは本当に楽しそうで。声を聴いているだけなのに、優しさに包まれた気分になりました。また来週も永さんの声を聴きたいと思い、死ぬのを思いとどまったんです」

彼女は感謝を伝えようと、その場で番組宛に『おかげさまでもう少し、生きようと思います』とハガキに書き、ポストに投函《とうかん》して家に帰ったそうです。

「数日後、自宅にハガキが届きました。『お帰りなさい。六輔』って。それからは、このハガキを宝に『来週までがんばろう』と言い聞かせながら、生きてきました。永さんから、人生のすべてを学んだといっても過言ではありません」

泣きながら話す彼女を見て、思いました。永六輔はやっぱりすごい人なんだ、人の命を救うほどに。祖父のことをもっと知らなくてはいけない——。

強い探求心が芽生えた瞬間でした。

〝言葉〟は生き、輝き続ける

祖父は〝言葉〟をとても大切にしていました。「言葉の職人」と称されることもあったし、親友の黒柳徹子さんも、「永さんの活躍は多岐にわたるけど、常に根底にあるのは言葉だったと思う。永さんの言葉をいつまでも大事にして生きていきたい」と、僕に教えてくれました。

祖父は結局、僕に何の教えも残さないまま逝ってしまいました。しかし、祖父の〝言葉〟はいつまでも生きている。輝いている。

著作や作品として公になっているものだけでなく、祖父と共に生きた方々の心の中にも、深く刻まれている。

僕は祖父との記憶を辿り、祖父の著書を100冊近くと、書斎に遺《のこ》されていた手帳やノート、メモを読み漁り、そして親交の深かった方々を約30人、訪ね歩きました。

この本は、祖父が生きた83年間に遺した言葉、そして行動を辿り、僕がついに聞き出すことのできなかった「教え」をまとめたものです。

何を信じ、何を考え、いかに生きて、いかに死ぬか。

時代が移り変わっても全く色褪《あ》せない、心に響く言葉がたくさんありました。

祖父の言葉は僕だけでなく、多くの日本人の〝糧〟となって生き続けていくはずです。

「祖父から孫へ」というにとどまらず、「昭和から平成、令和へ」「先人から現代人へ」「永六輔という一人の人間から、今を生きるあらゆる人間へ」のメッセージとして、大きな価値を持つものだと信じています。

本書で紹介する祖父の言葉や考え方が、祖父と同年代の方々から僕と同世代の方々まで、今を生きる人々の中に、いつまでも輝き続けることを願ってやみません。

永拓実

1

生き方には貴賤がある

「素人」だったから、いい作詞ができた

〝どうして謝るの。知らないのは恥じゃない。知っている振りをするのが恥だよ〟

16年間、ラジオで祖父と共演したTBSアナウンサーの外山恵理さんが、「私、知らないことばっかりで申し訳ないです」と話したとき、祖父はこう即答したそうです。

知っている振りをしない。

それについて、祖父自身のエピソードがあります。

祖父が作詞を始めた当時の歌謡曲は、今日流行している歌とは大きく毛色の違うものでした。職業作詞家が文語体で、燃えるような情愛やドラマチックなテーマで詞を作る。そうした手法が主流の中で、『上を向いて歩こう』『見上げてごらん夜の星を』『こんにちは赤ちゃん』のようなシンプルな詞は、実に新鮮でした。

音楽プロデューサーの佐藤剛さんは、こう語ります。

「永六輔がそれまでの伝統を無視し、シンプルな話し言葉と日常的なテーマで詞

を書いたときから、日本の新しい音楽の歴史が始まった」

しかし、それだけ画期的なことをしたのだから、さぞかし研究して時代の流れを読み、考え抜いたのかというと、そうではなかったようなのです。

祖父は1982年、新聞のインタビューの中でこう語っています。

〝歌謡曲に多かった美文調の詞なんか書けないから、『どうしよう』とか、『こんにちは』とかいう日常会話になっちゃったんですね。つまり芸がなかったんですが、歌というのがだんだん日常化されてきて、歌の存在そのものが日常化してきたときだっただけに、ぼくらのつくった何でもない会話のうたが受け入れられたんでしょう〟

祖父は、大学の先輩でピアニストの中村八大さんに偶然声をかけられ、作詞を始めました。それまでは、ラジオの世界で働き、作詞や音楽に関して「素人」だったわけです。

もし素人である祖父が背伸びをし、詞の書き方を「知っている振り」をしていたら、中途半端に既存のいい詞の真似事をして終わっていたかもしれません。

しかし祖父は自分が何も知らないことを認め、胸を張った結果、「でもよく考えたら、もっと日常的な言葉でよくないか?」と疑問を持つことができた。

祖父はこんな言葉も遺しています。

〝何もないということは、何でもやれるということだ〟

何も身に付けていないからこそできることがある。そう考えれば、自分の無知を恥じず、胸を張ることができる気がします。

今を生きる言葉―1

知らないのは恥じゃない。知っている振りをするのが恥だ

久米宏さんが〝自由になれた〟瞬間

フリーアナウンサーの久米宏さんから伺った話です。

今では久米さんの名前を知らない人はいませんが、そのキャリアの始まりは「順風満帆」とは程遠いものでした。

大学卒業後TBSに入社するも結核を患い休養。復帰してからも同期の中で自分だけ仕事がなく、雑用をこなす日々。家族からは「転職しな」としつこく言われ続けたそうです。

そんなとき、祖父のラジオ番組『土曜ワイドラジオTOKYO』(後の『土曜ワイドラジオTOKYO 永六輔その新世界』)に関わることになり、「この仕事だけやったら辞める」と家族を説得しました。

その番組も雑用係から始まりましたが、半年が経った頃、出演者としての仕事をもらえるようになりました。スタジオの外に行って、自分の好きなものを一つ選んで中継する、というコーナーです。

しかし、自分なりに考えて中継に臨むものの、スタジオにいる祖父はなかなか褒めてくれない。聴いていて面白くないと容赦なく中継を打ち切る。

それでも「どうやったら永さんが喜ぶか」を必死に考え、試行錯誤を続けた。

そんな日々の中で久米さんは、祖父からあるメッセージを受け取ったそうです。

〝もっと自由になれよ〟

いつも怒られてばかりだが、船から海に飛び込んだり、一本の電柱に感情移入してその電柱の半生を語ったり、「アナウンサーらしからぬ」レポートをしたときだけ、永六輔の笑い声を聞くことができた。

祖父との仕事を通して、アナウンサー、レポーターといったあらゆる立場から自由な「人間としての久米宏」が、確立されたそうです。久米さんはこう話します。

「立場を捨て、久米宏という一人の人間が面白いと思うことを、純粋に追求する。あの番組から話題になって、『ザ・ベストテン』『ニュースステーション』と大人気番組に抜擢してもらえるようになったけど、どの仕事でも僕の根底には、永さんから学んだ〝自由〟があった」

生きていれば、「立場」を持つことは避けられません。

まだ職業を持たない僕ですら、男、日本人、大学生、永六輔の孫、といった立場はいくつか持っています。

しかしそれらを脱ぎ捨て、一人の人間としてやりたいことを純粋に追求する。そのためには自分の立場らしからぬことも思い切ってやる。それができたとき、いかなる立場でも力を発揮する柔軟性が手に入るのだと思います。

今を生きる言葉―2

立場を大胆に捨て、面白いことを純粋に追求しよう

祖父と大学教授の「色即是空」の伝え方

祖父がいつもハガキや原稿を書いていた書斎があります。

亡くなってから、祖父がいつも座っていた椅子に腰をかけ、書斎全体を眺めてみました。最初に目に入ったのは、机の上に貼られた紙。そこにはこう書かれていました。

『難しいことを易しく、易しいことを深く、深いことを面白く　井上ひさし』

祖父の友人で作家の、井上ひさしさんの言葉です。どうして祖父は、一番目立つ場所にこの貼り紙をしていたのか。ずっと考えていたのですが、今回の取材でわかったことがあります。タモリさんに「永六輔の最も核となるイメージは？」という質問をしたところ、「博識」という答えが返ってきました。

「どんな質問をしても答えが返ってきた。それも、難しく答えるんじゃなくて、うまく答えるんだよね」

難しくではなく、うまく答える。その精神を裏付ける祖父自身の言葉を、著書に見つけました。

〝専門家じゃないからこそ、言えることがある。細かい違いは気にせず、生きるうえでどう役に立つのか、大胆に。知識でしゃべらない、知恵でしゃべる。少しくらいの誤解は恐がらない〟

僕は今、大学で仏教の授業をとっています。教授は「色即是空」という仏教用語についてこう説明します。

「色すなわちこれ空ということ。色はサンスクリット語で目に見えるもの、形あるものという意味で、空は実体がないもの、虚無ということ。だから、姿かたちは仮のもので、本質は…」

僕にはなかなか頭に入ってきません。一方、祖父はラジオ番組でこう話しています。

〝色即是空はつまり、ドーナツの穴。ないけどある。あるけどない〟

僕にはこちらのほうが頭に入ってきやすく、「生きるうえでどう役に立つのか」を語る分には十分な気がしました。

〝何を説明したいのかよりも、何を伝えたいのかを考えないといけない〞

祖父が遺したこの言葉は、コミュニケーションの本質をついています。難しい言葉は、自分の考え、知識を見せつけるのに役立ちます。しかし、重心を自分から相手に移し、「伝える」ことを意識すると、自ずと簡潔で易しい言葉を使えるのではないでしょうか。

今を生きる言葉―3

知識でしゃべらず、知恵でしゃべる。何を説明するかじゃない。何を伝えたいか考える

祖父の手帳には様々な「知識」だけでなく、それをどう伝えるかの「知恵」もメモされている。名字にちなみ、魚のエイ好きで知られ、至る所にイラストも描かれていた。エイを描くことが息抜きの一つだったようだ。

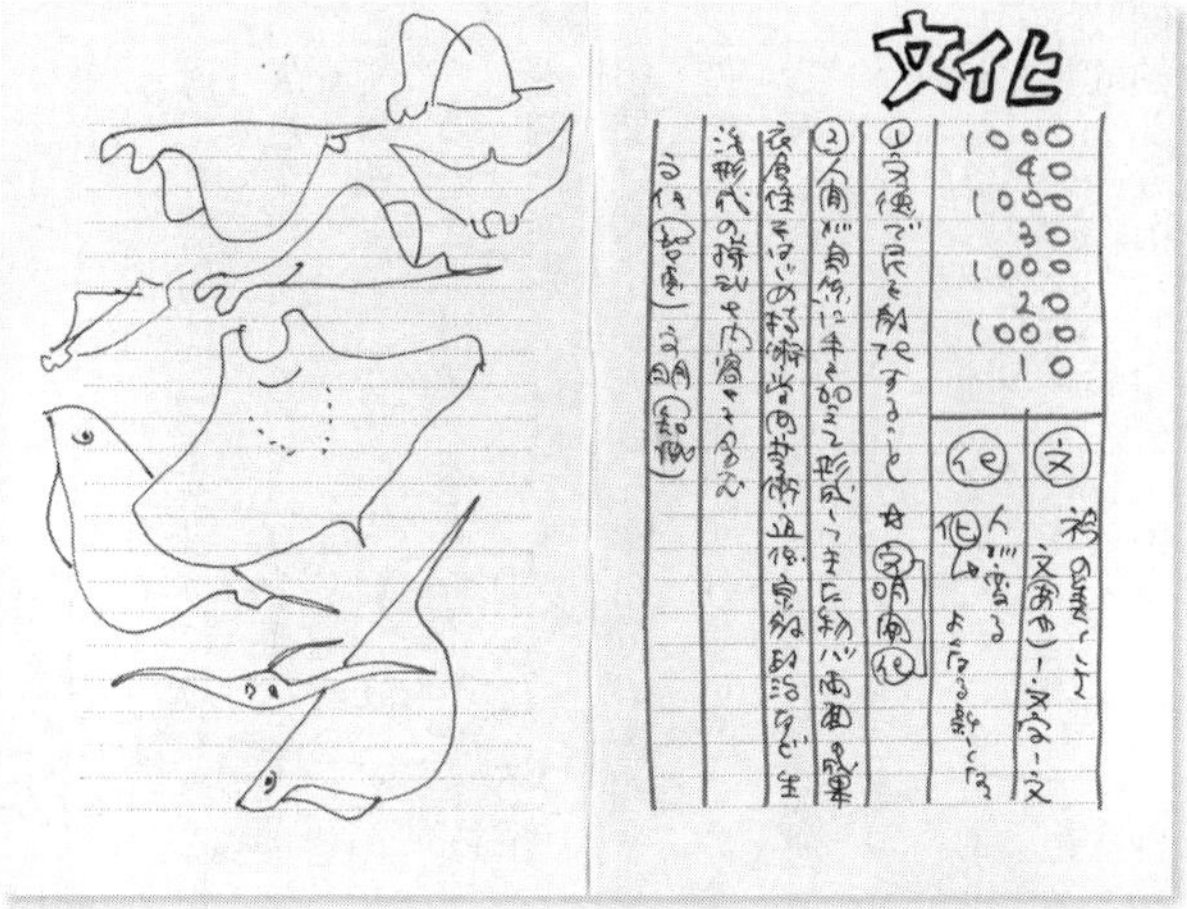
文化

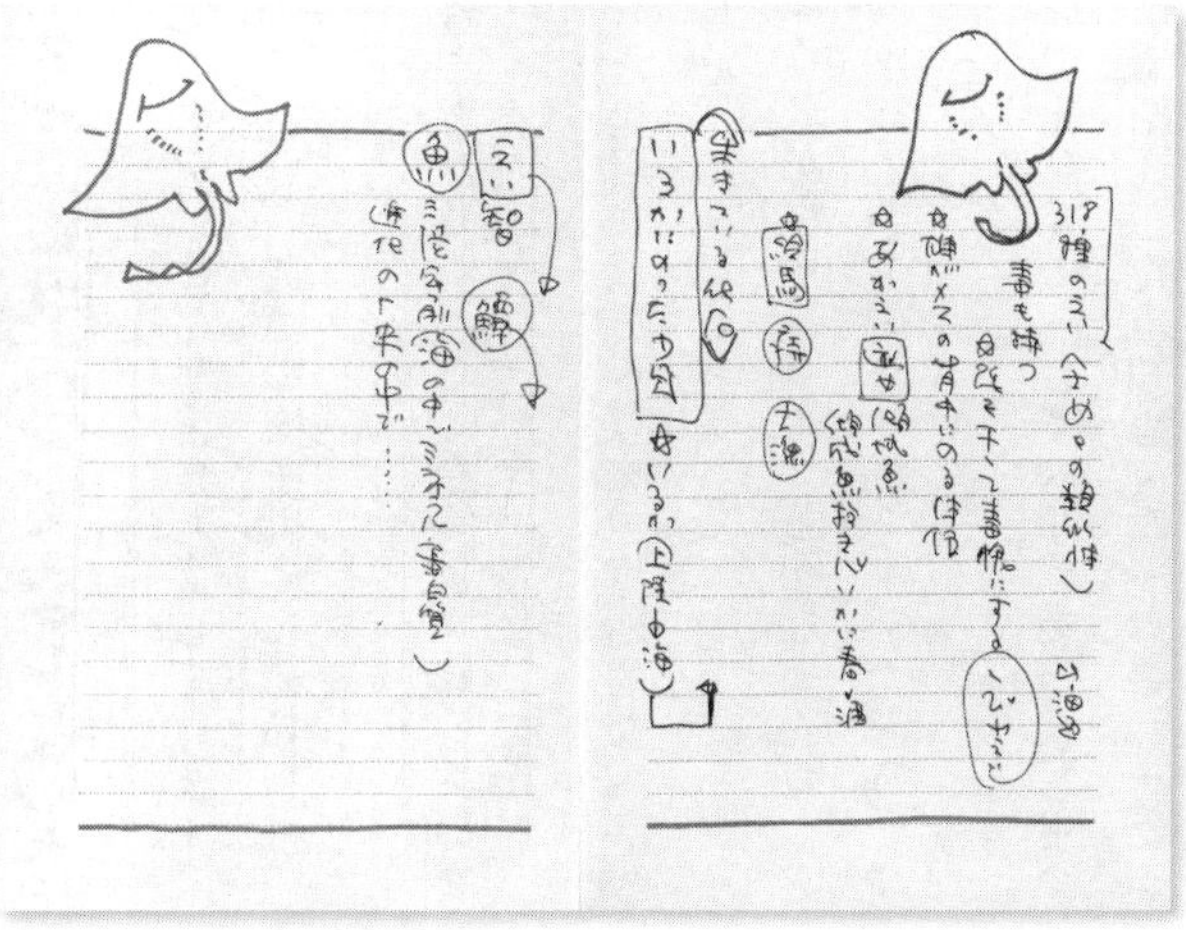

起承転結をつけ59秒でまとめた

何でも器用にこなすように思われる祖父ですが、こんな言葉も遺しています。

〝欠点を自覚しろ。自覚できたら直さなくていい。欠点のまま魅力にしろ〟

では祖父の「欠点」とは何だったのか？

この先は、祖父と地方でイベントをすることが多かった、お笑いタレントのオタスセリさんの話です。

祖父は若手芸人さんを自分の番組や講演で起用し、ある意味、専門的な〝芸〟を持つ人たちに囲まれて仕事をしていました。

そのせいもあってか、「僕には武器になる芸がない。トークしかないんだ」とたびたびこぼし、自分が〝芸〟を持っていないことを欠点と捉えていたそうです。

しかしそれを悲観していたわけではありません。

〝芸〟を持たないという自覚のもと祖父は、代わりに「しゃべり」を追求します。

開始30分前から自分で前説を始め、前項でも紹介した「知恵でしゃべる」テクニックで観客を楽しませ、本番後も、観客が帰る列に向かって話す。祖父の講演はいつも満席でした。

祖父の「しゃべり」を「話芸」と呼ぶ方もいます。祖父と一緒に数々の名曲を生み出した中村八大さんのご長男、力丸さんから伺った話です。

祖父はスケジュールの過密さゆえ、移動中に取材を受けることが多く、力丸さんと地方に行ったときも、新幹線の中でインタビューを受けていました。

記者がある質問をすると祖父は、「その質問の答え、何分で話せばいいの?」と聞き返します。

記者は、「こちらで編集するので、時間は気にせず、お好きなように話してください」と答えます。

祖父は「いや、何分で話せばいいか先に決めないと…。じゃあ1分ね」と言い、話し始めました。

そして見事に起承転結をつけ、時計も見ずにほぼぴったりの59秒で、話し終えたそうです。隣で話を聞いていた力丸さんは、磨き上げられた祖父の「話芸」に衝撃を受けたと言います。
欠点を逆手にとって、自分にしかできないことを追求すれば、それが魅力になる。そう考えれば僕たちも、自分の欠点から目を背けず、直視できるだけでなく、ポジティブに転用できる気がします。

今を生きる言葉―4

自分の欠点を自覚すれば、自分が追求するものが見えてくる

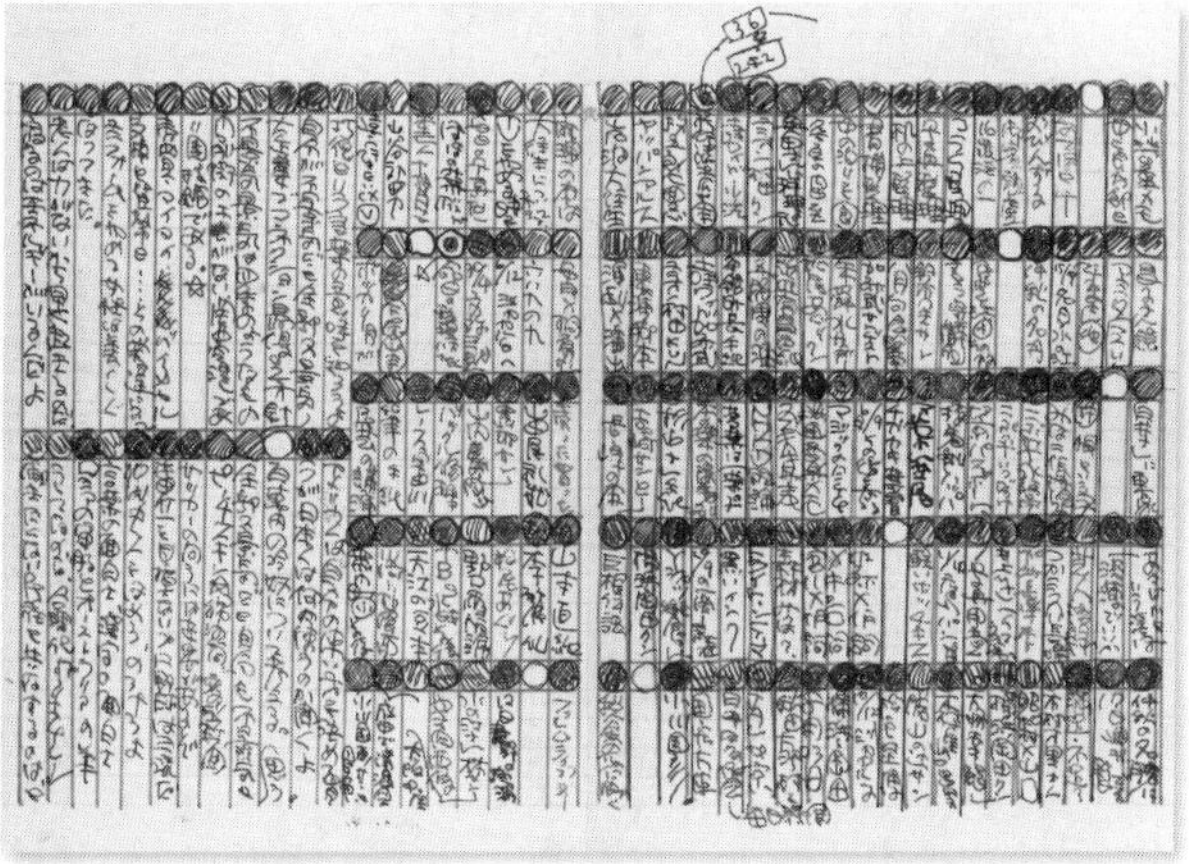

手帳には、話のネタが箇条書きで無数に記されたページがいくつもある。一度、話したネタの○部分を塗り潰し、ネタの重複を避けた。一つ一つのメモは短く、しゃべる時間に合わせやすいように、短いネタをいくつも準備していた。

デモと仕事のどっちが大事なんだ!

僕はまだ大学生ですが、将来、働くときに怖いのは「気が変わらないか」ということです。たとえば、一度就職すると、「やっぱり違う」と辞めることが簡単にはできないらしい。社会に出るまでは「やりたいことに挑戦しなさい」と言われていたのに、会社に入ってしまうと、思うようにそれができなくなる。

実際、僕の大学の先輩でも、社会人になって一年も経たないうちに転職した人が何人もいます。若い世代にとって、興味関心が変わってしまうのは、仕方のないことなのでしょう。

祖父も気が変わりやすい人でした。祖父の人生を辿ると、幾度となく「転職」をしていることがわかります。大学入学と同時にラジオの世界に入り、放送作家を開始。テレビ放送が始まると、テレビ業界に移る。テレビ放送作家として売り出すも、安保闘争が始まるとデモに熱中し、プロデューサーに「デモと仕事のどっちが大事なんだ!」と問われ、「デモです」と即答し、せっかく手にした仕事をクビになる。

しかしデモが実らず、その悲しみを歌詞にして『上を向いて歩こう』を作り、今度は作詞家として地位を築く。その後またテレビに戻り、放送作家や演者をしばらくやったあと、文筆業にも精を出し、200冊以上もの著作を執筆。晩年は「テレビはもう嫌だ」と言い出し、最後はラジオの仕事に集中する。

いったい祖父の「本業」は何だったのか。答えは「すべてが本業」としか言えません。というより、祖父はそもそも「職業」にこだわりを持っていなかったようです。

晩年の祖父をよく撮影していたカメラマンの中井征勝さんから、祖父の職業観に関する話が聞けました。もともと中井さんは新聞社のカメラマンとして海外を飛び回り、自分の仕事にやりがいを感じていました。

しかし、昇進して管理職についてから、現場ではなくオフィスで働くことになり、刺激のない日々に不満を感じ始めたそうです。そのことを祖父に相談したとき、かけられた言葉があります。

〝君の人生を考えてごらん。仕事は人生のごく一部でしかないだろう。その一部に縛られるのは本末転倒だよ。自分が一番やりたいことをしないとだめだ〟

中井さんはこの言葉に後押しされて会社を辞め、フリージャーナリストとして自分の主戦場である現場に戻りました。

もしも僕が将来、仕事を変えたいと思ったとき、この祖父の言葉を思い出そうと思います。とくに会社に入って働き始めると、祖父が口にしたようには簡単に転職できません。でも、自分のやりたいことにこだわることがいかに大切か、祖父の目まぐるしい職歴と、その後の成果を辿れば、一歩踏み出す勇気がわいてきます。

今を生きる言葉—5

仕事は人生のごく一部でしかない。一番やりたいことにこだわろう

タモリさんをNHKに抜擢した視点

祖父は「何も知らない」ことを武器にして、「新しいもの」を生むことができたという話は前述しました。

しかし、最初はそれでいいのですが、経験を積んで常識が身に付けば、その武器はなくなってしまうはずです。それでも祖父の勢いは、ベテランの域に達してからも止まりませんでした。

台本のないフリートークのラジオ番組、日本初の旅番組、バラエティ番組での女子アナの起用。祖父が生んだ「新しいもの」は、今でも残り続けています。

祖父の発想力はどのように維持されていたのか。

時代は違えど、それがわかれば、僕たちが「新しいもの」を作るときの大きなヒントになるはずです。

同じく発想力豊かなタモリさんが、その手がかりとなるエピソードを紹介してくれました。

今でこそ芸能界で不動の地位を築いたタモリさんですが、もともと「キワモノだった」とご自身は振り返ります。

福岡から上京し、芸能人が集まる場所で「密室芸」(表舞台ではあまりできない芸)を披露して噂《うわさ》が広まっていたタモリさんですが、その危険な芸風ゆえに、メディア出演の機会は全くありませんでした。

そんな時期に祖父と出会いました。サングラスをかけ、芸を披露して笑いをとったかと思うと、急にパンツ一丁になって走り回る。

タモリさんの奇妙さと個性に祖父は惚《ほ》れ込み、NHK番組『テレビファソラシド』のレギュラーに抜擢しました。

タモリさんは、一連の経緯についてこう打ち明けます。

「芸能界のことをまだ何も知らなかったから、今思えば本当に奇妙な存在だった。でも永さんはその奇妙さに目をつけて、番組で使ってくれた。世の中や文化を変える人は、軽佻《けいちょう》浮薄《ふはく》なくらいでいいって、考えてらっしゃったんじゃないかなぁ」

その考え方を裏付けるような言葉を祖父は遺しています。

〝プロとアマチュアの狭間にあるような怪しい場所から、いつも新しいものが生まれてくる〟

常識から外れた「危険なもの」を否定せず、取り入れる。その柔軟性こそ、新しいものを生み続ける秘訣なのかもしれません。

今を生きる言葉—6

新しいものを生むためには、「危険なもの」にも目を向けよう

ピーコさんに「炭鉱のカナリアになれ」

ある雑誌のインタビューで、「永さんが今の20代にメッセージを送るとしたら？」という質問に対し、祖父はこう答えました。

〝変だと思うことに疑問を持ってほしい。「あれっ」とか「どうして」ということを。それを仕事の現場でも、遊びに行った先でもかまわないから、とにかく疑問を持って、時間がかかってもいいから自分で解決する〟

祖父は街中を歩いているときも、食事をしているときも、ベッドで寝ているときも、常に手帳を手元に置き、何やら書き込んでいました。この言葉の語源は何か。これは何のために作られたのか。

日常の中で感じた「なぜだろう？」という疑問を見過ごさず、自分で調べ、ラジオなどで紹介しました。

その祖父が特に見過ごしてはいけないと譲らなかったのが、「弱い立場にいる人」への〝いじめ〟でした。

1959年、日本古来の「尺貫法」が廃止され、メートル法の使用を義務付ける法律が制定されました。違反者は50万円以下の罰金。ある職人さんがこの法律に違反して警察に注意され、これでは仕事ができない、とたまたま祖父に相談しました。

併用を認めればいいのに、急に禁止されては昔ながらの職人は仕事ができなくなってしまう。

祖父はこの法律によって職人の生活が追い込まれるだけでなく、和服の仕立てや歴史的建造物の修復など、伝統的な職人芸の継承が難しくなってしまうことを危惧し、「尺貫法復権運動」をラジオ番組で宣言しました。

運動のやり方はいかにも祖父らしいものでした。「尺寸の物差しを密造して販売するから、僕を逮捕しろ」と番組で宣言し、本当に販売して自首し、「街の職人は逮捕するのに僕は逮捕しない。弱い者いじめのための法律なのか」と訴えました。

さらには尺貫法復権をテーマにした芝居を作って全国公演を実施。しつこく闘いを続けた結果、77年9月、政府は曲尺、鯨尺《かねじゃく》の製造・販売を認め、見事に運動は成功に終わったのです。

それから時が経ち、2014年、祖父は長年にわたるテレビ・ラジオへの貢献が評価され毎日芸術賞を受賞しました。しかし、受賞スピーチで祖父はこう発言します。

「尺貫法を取り戻す運動をしたことを、評価してほしい」

尺貫法を取り戻しても、祖父の生活に直接影響はありません。

それでも祖父は生涯、名番組を作ったことよりも、名曲を作ったことよりも、この運動を成し遂げたことを誇りに思っていました。

祖父の「弱い立場の人たちへのいじめを見過ごさない」精神を、言葉で受け取っていたのが、ファッション評論家のピーコさんです。

メディアに出演し始めた頃、政治や社会のあり方に歯に衣着せぬ発言を続け、世間から批判されることもあった「おすぎとピーコ」のお二人ですが、祖父はこう支持してくれたと回顧します。

〝君たちは、炭鉱のカナリアになりなさい〟

産業革命期のイギリスでは、炭鉱開発の際、危険ガスが出ていないか確認するためにカナリアを連れ、カナリアが騒ぎ立てたら危険であると判断しました。

つまりカナリアは、みんなが気づかない、または気づかない振りをしているような危機を、いち早く察知して声をあげる役割を担ったのです。

世の中の大きな流れから、身の回りの些細《ささい》な変化まで、厄介で目を背けたくても、手遅れになる前に誰かが勇気を出して声をあげる。声をあげれば、それだけ逆風に晒《さら》される可能性もあり、簡単なことではありません。

それでも僕は少しでも祖父の遺志を受け継いでいきたいと思います。

今を生きる言葉―7

変だと思うことに疑問を持ち、時間がかかっても自分で解決しよう

東京五輪とヨーグルト早食い競争

2020年の東京五輪に向けて様々な施設が新たに建設されていますが、それらを巡って、大きな悶着《もんちゃく》が起きたのは記憶に新しいことです。

多額の予算をかけて、より豪華な施設を新しく建てるか。既存の施設を必要最低限に改修して賄うか。

これらのお金の使い方について、祖父は五輪招致に使われた「おもてなし」という言葉を引き合いに出し、こう意見を述べました。

〝もてなしとは「持って成す」。つまり今あるもので賄い、特別なことはしないということ〟

いかにも祖父らしい言葉ですが、僕自身もこれに納得が行く経験をしています。くだらないことですが…。

高校3年のある日、学食でヨーグルトが1個50円というセール価格で売られたことがありました。僕はクラスメイトとお金を出し合い200個買って教室に持ち帰り、ヨーグルトの「早食い競争」をしました。

パンツ一丁（どうしてと聞かれても困りますが、男子校の生徒は服を脱ぎたがるのです）になり、ヨーグルトをみんなで次々と口に流し込む。

受験勉強に追われるストレスからの、束の間のバカ騒ぎ。僕は競争に敗れましたが、このときの経験は、今でも忘れません（もちろん完食しました）。

大学入学後、彼らと再び集まり、ディズニーランドで丸一日かけて、1万円近くを使って遊んだことがありました。

その際、みんなが口にしたのは「ヨーグルト大会のほうが楽しかったな」ということです。

ディズニーランドがつまらないはずはありません。

でも、ディズニーに行くお金がなくても、たとえば休み時間にたった30分、一人数百円足らずの出費でも、十分に記憶に残るいい思い出は作れるということです。

祖父は沖縄県の「町おこしフォーラム」に呼ばれたとき、こんな言葉を遺しています。

〝知恵に予算はかからない〟

お金や手間をかけられなくても、知恵さえあれば爆発的に面白いものだって作ることができる。

僕の経験は些末《さまつ》な話ではありますが、今後、大きな課題に直面したときも、まずは知恵だけで乗り切れないか、挑戦してみたいと思います。

今を生きる言葉—8

知恵に予算はかからない。「持って成す」精神を大事にしよう

芸はプロだけど生き方がアマチュア

元フジテレビアナウンサーの母・麻理に聞くと、祖父は「プロ」という言葉をよく口にしたそうです。

〝プロ意識を持たないといけない〟

「プロ」というのは一般的に、ある職業の「玄人」「専門家」という意味で使われます。だからこの言葉も「自分の仕事を極めろ」という意味かと思いきや、少し意味合いが異なるようです。

タレントの清水ミチコさんから伺った話です。

清水さんと祖父が出会ったのは、清水さんがまだ20代前半、デビューする前のこと。小さな劇場で〝芸〟を披露していたとき、祖父に目を留められた清水さんは、本番後にこう言われました。

「君、芸はプロだけど、生き方がアマチュアだね」

初対面にもかかわらず喫茶店に呼び出され、舞台上での立ち居振る舞い、お辞儀の仕方を教えられたそうです。

芸人として、仕事がどんなに優秀でも、もっと基本の部分にこだわらないといけない。その考え方を裏付ける祖父の言葉があります。

〝職業に貴賤《きせん》はないけど、生き方に貴賤はある。職業はやめられるが、生きることはやめられない〟

〝僕は職業が永六輔だから、別に仕事に生きがいを求めなくてもいいんですよ。(中略)僕にとっての職業というのは、「生き方」といってもいいのかもしれない。「生き方」を引退するときは、死ぬときです〟

ある仕事を極めたとしても、仕事が変わったらそれまで。希望しないのに変えられてしまうこともあるでしょう。

しかし、自分の生き方は一生もの。だから仕事での能力や実績よりもまず、一人の人間としての振る舞いに「プロ意識」を持つ。

祖父が言いたかったのはそういうことだと思います。

祖父が自分の職業を躊躇《ちゅうちょ》なく変えることができたのも、自分自身の生き方にプライドを持っていたからかもしれません。

大学3年になり、僕も周囲も就職活動を始めています。やはり有名企業や官庁という世間体のいい組織に、どうしても目が行きがちです。

その風潮に流されないためにも、職業よりも生き方を重視した祖父の言葉を、覚えておきたいものです。

今を生きる言葉—9

職業に貴賤はないが、生き方に貴賤はある。職業よりも「生き方」を極めよう

2

無駄と絶望こそ糧になる

黒柳徹子さんの弔辞の意味

〝生きているだけで、面白い〟

祖父の著書からこの言葉を見つけたとき、祖父の「お別れの会」での黒柳徹子さんの弔辞を思い出しました。

葬儀委員長も務めてくださった徹子さんは、とくに祖父との付き合いが長く、親交も深かった方です。

1960年代、テレビ草創期にNHKで放送されたバラエティ番組『夢であいましょう』で祖父は、脚本、演出を務めました。

徹子さんや渥美清さんらが出演する大人気番組でしたが、当時はまだお金もなく、外食する機会も少なかったそうです。

そんな祖父と徹子さん、渥美さんらが中華料理屋に行ったときの話です。

注文したエビチリが来ると、みんなが一斉に箸《はし》を持ち、エビの取り合いになりました。そこで徹子さんは素早く計算し、「一人3個ずつね」と言いました。

それを聞いた渥美さんは「いつか俺がたくさん稼いで、数をかぞえなくてもお腹いっぱい食えるようにしてやるからな」と語ったそうです。それを聞いた祖父は、こう切り返しました。

〝何言ってるんだよ。今が一番楽しいんじゃないか。こうやって喧嘩《けんか》して取り合ってるくらいが一番幸せなんだよ〟

徹子さんはその言葉を鮮明に覚えていて、「永さんはどんなときも幸せそうだった」と僕に話してくれました。

〝生きているだけで面白い〟というのは、祖父の実感だったのでしょう。

当時の出演者もスタッフも、楽しく仕事をしていたと思います。ただ祖父は楽しむだけでなく、「楽しい」と感じながら楽しんでいたのでした。

この二つは似て非なるものだと思います。「楽しかった」と後で振り返ることはいくらでもできますが、「楽しい」と現在進行形で感じることは、簡単ではないからです。

最近、世界幸福度ランキングというものについて、大学の授業で習いました。

2017年、日本は51位。GDP（国内総生産）、つまり経済的豊かさは世界3位の日本が、幸福度では51位。近年このギャップが問題視され、「今を楽しむ」ことが大切だとよく言われます。

しかし「エビチリ」のエピソードを聞くと、考えさせられます。今を楽しむというより、ふとしたときに「今、楽しいよな」と気づく余裕を持つこと。それだけで充実感は大きく変わるのかもしれません。

今を生きる言葉──10

生きているだけで面白い。
今が一番楽しく、
喧嘩しているくらいが一番幸せ

後悔と葛藤が希望に変わった瞬間

〝無駄なことは何もない、無駄にする人はいる〟

同じく祖父の著書の中にこの言葉を見つけたとき、僕自身の苦い経験を思い起こしました。

僕は5年前、バスケットボールで日本一を目指すべく、全国大会常連校に入学しました。週7回、プロのトレーナーが組んだ練習をこなす日々。きつくても、「自分が求めていたことだ」と耐え、試合に出る機会も増えつつありました。

ところが入学から1年が経ったある日、僕は腰を怪我し、練習を離れることになりました。

3週間で治る怪我でしたが、怪我以上に、精神的な葛藤に悩まされる毎日でした。なぜなら、怪我で練習に参加できなくなったとき、「ああ、楽でいいな」と思ってしまったからです。

それをきっかけに考え始めました。

どうして自ら望んで厳しい環境を選んだのに、練習できないことを喜んでいるのか。仕事でやっているわけでもないのに、どうして嫌々練習しているのか。やりたくないなら辞めればいいだけの話じゃないか。

復帰後もその葛藤は残り、出場機会が減ったことへのふてくされも合わさって、僕はついに部活を辞めてしまったのです。

退部直後は爽快な気分でした。

きつくて仕方なかった部活がなくなり、家でのんびりテレビを観て過ごす。けれども、そんな日々は長く続かず、退部から数週間後、後悔と葛藤に苦しむ日々が始まります。やることがない、一緒に過ごす友達もいない、そして何より、アイデンティティがない。

バスケをやめてしまったら、自分が何者かと問われても「高校生」としか言えません。それまで常に何かに熱中して生きてきた僕にとって、これは耐え難いことでした。

それに、月に一度だけ休みがあるから休みが待ち遠しかったのであって、毎日休みというのは苦痛でしかありません。そんな当たり前のことに気づかず、一時的な誘惑に負け、僕は投げ出してしまったのです。

味わったことのない強烈な後悔と自責の念に襲われ、学校では一言も話さず、一人で家に帰り一人で寝る。寝る以外に現実逃避の方法がありませんでした。

そんな生活が続き半年が経った頃、転機がありました。

全国大会の試合を見に行ったときのことです。その大会でチームメイトたちは、全国ベスト8という素晴らしい成績を残しました。それを見た瞬間、羨望《せんぼう》や劣等感を通り越して、吹っ切れた気がしました。

彼らに負けないくらい、他の何かに熱中し、成果を出すしかない。辞めてからの半年間は辛《つら》かったけど、この半年がなかったらできなかったことをするしかない。

僕はこの鬱憤《うっぷん》を、勉強にぶつけてやろうと思いました。

冒頭の言葉を目にしたのは、大学に合格し、祖父が亡くなってからのことです。短い言葉ですが僕にとっては、今でも非常に心強い言葉となっています。

怪我をし、悩み、退部し、苦しむ。そういった経験も、無駄ではなかったのかもしれない。そう思えるようになったのは、この言葉のおかげです。無駄なものは何もない。無駄にしなければいいだけ。そう考えれば、失敗や傷つくことを怖れず、何事にも挑戦できる気がします。

今を生きる言葉—11

無駄なことは何もない。無駄にする人がいるだけだ

疎開先でいじめられた祖父の経験

『上を向いて歩こう』が、安保闘争に敗れた自分たち若者を励ますために作った曲だというのは、有名な話です。

ただ、作詞家としてのもう一つの代表作、『見上げてごらん夜の星を』が作られた背景は、あまり知られていません。

この曲は、朝から晩まで働きながら夜間学校に通う高校生たちへの応援歌でした。祖父は彼らのためにミュージカルを作り、その主題歌としてこの曲を作り、ミュージカルの最前列に夜間学校の高校生を招待しました。

つまり、代表曲が二つとも、「立場の弱い者の味方」というテーマになっていますが、どうして祖父はそれにこだわったのか。

少年時代に祖父と同じ長野県の小諸に疎開していた、作曲家の小林亜星さんの話から、その答えが少し見えてきました。

祖父は疎開先で、ひどいいじめを受けていたそうです。

「東京からやって来た勉強ができる子ども」だった祖父は、同級生に目をつけられ、休み時間のたびに「戦争ごっこ」に参加させられました。

「永」という中国名から祖父を「シナ」と呼び、みんなで攻撃する遊びだそうです。また、祖父の兄弟姉妹に聞いた話ですが、祖父は小児がんを患い、病院通いの幼少期を送っていました。

体が弱く、いじめられっ子。つまり祖父は、自分自身が「弱い立場」である時代を、長く過ごしていたようです。

今も昔もいじめや虐待のニュースは後を絶たず、SNSを使った新しい形のいじめも増えています。

いじめに関するある調査によると、小学校時代にいじめに関わったことのある人は75%、そのうち、「加害者と被害者、両方経験がある」人が45%という結果でした。これは虐待に関しても言えることですが、もともと被害者だった人が加害者に転じてしまうケースは、ニュースでよく見聞きします。

いじめに関わりのない人にとっても、決して他人事ではありません。

僕自身も何か理不尽なことをされたとき、怒りのやり場を探してしまうことはあります。他人を傷つけるに至らなくても、自暴自棄のようになることは誰しもよくあることではないでしょうか。

しかし祖父は、こう語っています。

〝いじめた経験は何にも活《い》きてこないだろうけど、いじめられた側は、その経験をいくらでも活かすことができる〞

〝自分に絶望したことがない人間に、他人の痛みはわからない〞

辛い経験は、いくらでも活かすことができる。絶望したからこそ、他人の痛みを理解できる。

疎開先でのいじめは祖父にとって忘れられない出来事でしたが、その苦い記憶こそが原動力となり、祖父は「立場の弱い者の味方」を貫くことができたのでしょう。

そして祖父のその考え方が共感を得たことで、『上を向いて歩こう』や『見上げてごらん夜の星を』などが国民的な名曲になったのだと思います。

感情に蓋《ふた》をするのではなく、それを原動力にして正しい方向にぶつける。その強さと余裕があれば、苦しみや怒りにも耐えられるのかもしれません。

今を生きる言葉—12

いじめられた経験こそ活かせる。自分に絶望したことがない人間に、他人の痛みはわからない

手帳に記された「毎日10個」の予定

2年前、僕が18歳のときの経験です。受験を直前に控え、家にこもって毎日猛勉強していました。

朝8時から夜10時まで、身体的には苦しくても、充実感がありました。ところが祖父の代表的な著作である『大往生』を読んだときから、精神的にも迷いが生じるようになりました。

〈人間、今が一番若いんだよ〉

この言葉を読んで、考えさせられました。

高校生活最後の一年を、これほど受験勉強に費やし、将来後悔しないだろうか。自分はすごく惜しいことをしているのではないか。

10代後半は大切な青春の時期。なのに僕は一人で机に向かっている。「若いうちに楽しんでおきな」「今しかできないことがあるよ」。そんな声が聞こえてきそうでした。

しかし、そんなことをしていたら、受験という当時の僕にとって一番大きな目標が、達成できないかもしれない。

この迷いから僕を救ったのは、これまた祖父の言葉でした。

救われたといっても、何か言われたわけではありません。ただ、祖父が持ち歩いている手帳を覗《のぞ》き見ただけです。

原稿執筆、芝居の鑑賞、取材、イベント出席、新幹線で移動しながら取材、帰りに原稿をもう一つ。毎日10個近くもの予定が詰め込まれていました。その脇には、その日考えたこと、ネタになりそうな事柄がびっしりと書き留めてある。

60歳年下の僕よりずっと若々しく、好奇心を持っている祖父の姿を垣間見たとき、開き直ることができました。

80代になっても、こんなにいろいろな仕事に挑戦でき、楽しめる可能性があるのだから、若いうちに苦労しておいても損はないかもしれない。

一日のスケジュールがびっしりと書き込まれた祖父の手帳。連日、10個近い予定をこなしていた。空いたスペースにも話のネタとなりそうなメモが事細かに記されており、常に頭を働かせていた様子がうかがえる。

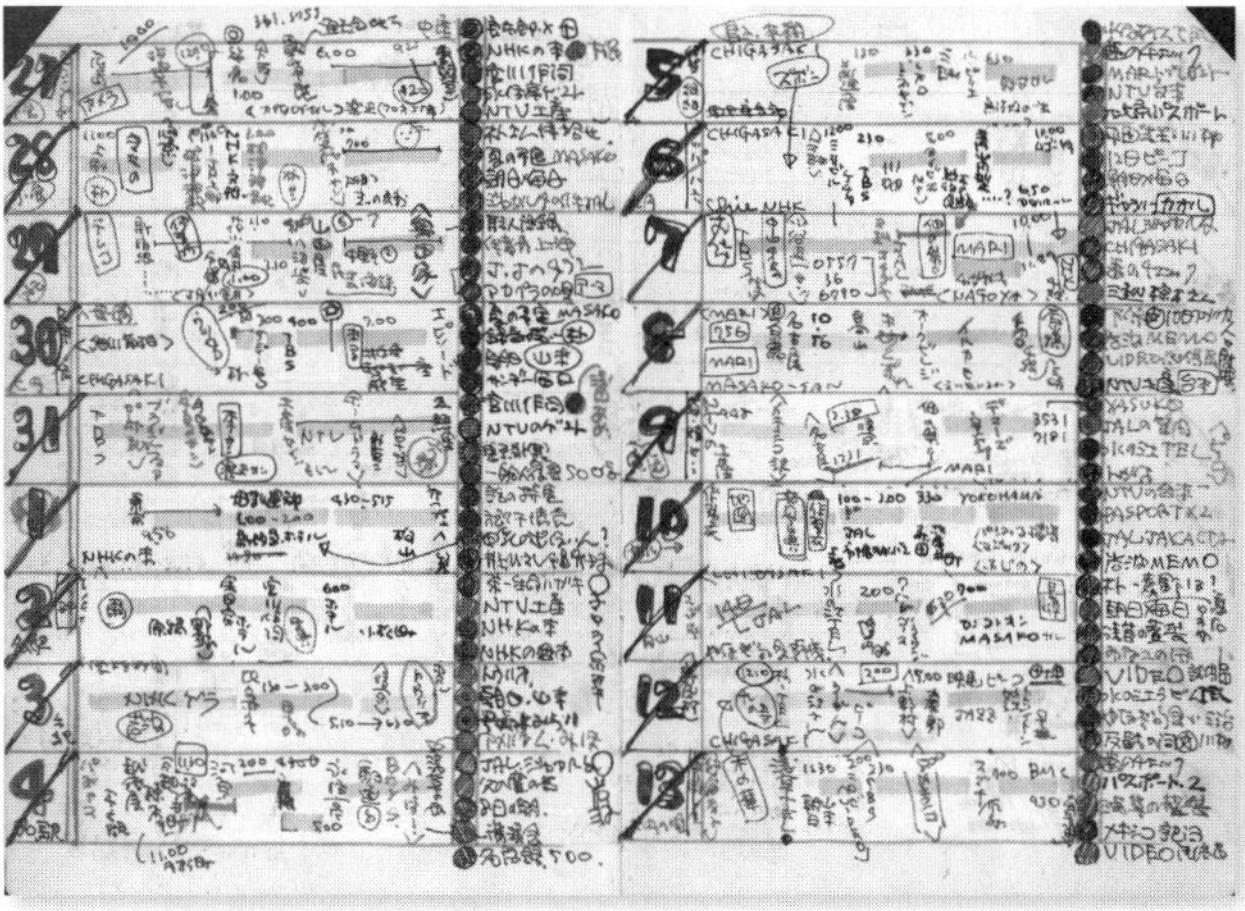

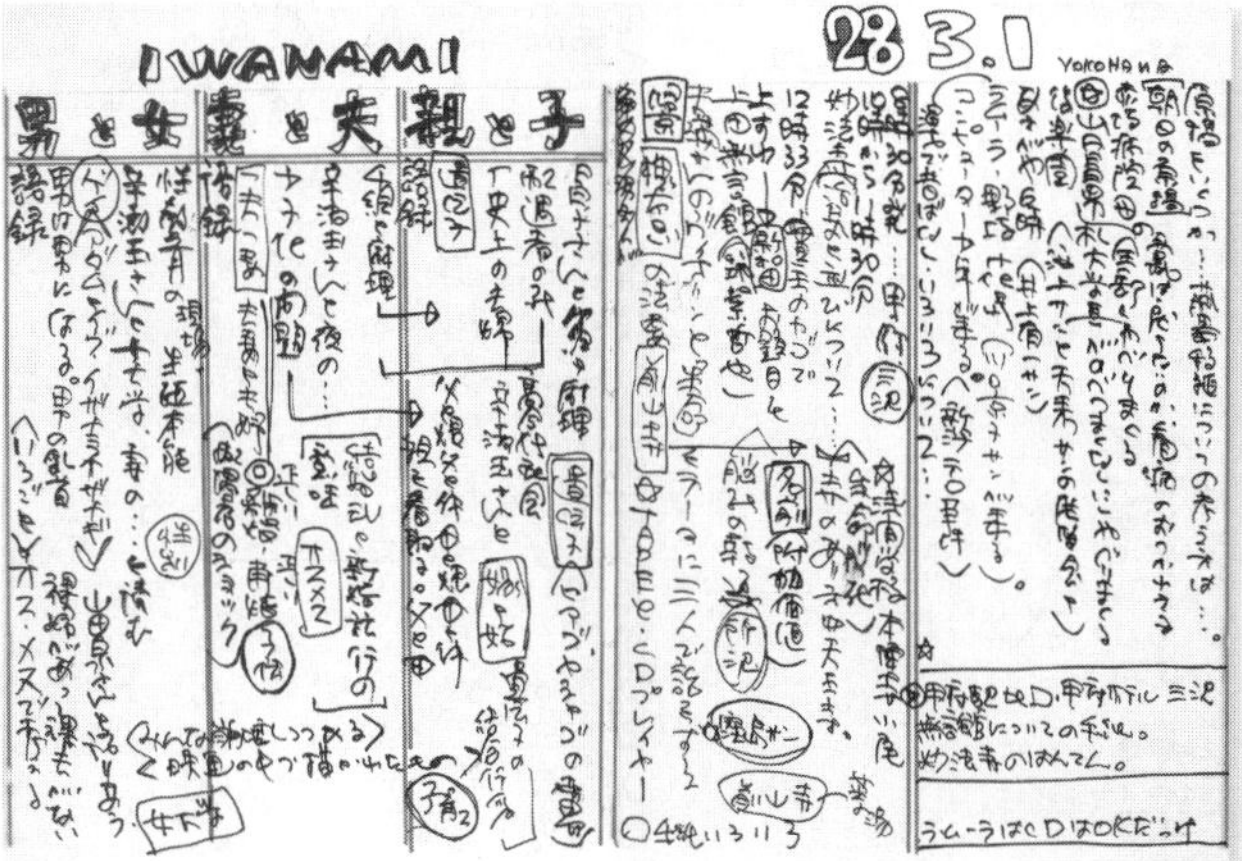
IWANAMI
男と女 妻と夫 親と子
28 3.1

祖父はこんな言葉も遺しています。

〝人生、明るく生きるはまだ何歳。暗く生きるはもう何歳〟

〝『老兵は死なずただ消え去るのみ』っていうけどさ、消えてたまるかっ、て思う。見かけとか姿とかは老いていきますけどね、絶対に老いないものもある〟

僕は勘違いしていました。「若い」というのは「年齢が低い」という意味ではない。年齢と関係なく、若々しく生きること。それが祖父の言う「若い」でした。

そう理解したうえで「今が一番若いんだよ」という言葉を読むと、「いつまでも若々しくいればいいんだから、年齢なんて気にするな」と言っているように聞こえます。

今を生きる言葉—13

人間は今が一番若い。明るく生きるには「まだ何歳」と考えよう

「東大生」になって変わった意識

60年来の親友として祖父との関係が知られている黒柳徹子さんに、今回改めて「永六輔と聞いて最初に抱く印象は?」と質問しました。

祖父は決して、いわゆるイケメンではありませんでしたが、返ってきた答えはシンプルに「かっこいい人」でした。

「永さんはかっこいい人だったわ。何がかっこいいって、全くかっこつけないところが、かっこよかったの。周りから見て、気が狂っちゃうんじゃないかってくらい忙しそうでも、苦しそうな顔は一切見せなかった」

かっこつけないかっこよさ。

この言葉は他の方々もおっしゃっていたことです。

2012年、祖父は山梨の桜座という劇場で、舞踊家の田中泯さんと一緒に講演をしました。

前立腺がんに加え、手足の動きや滑舌が不自由になるパーキンソン病を患いながらも、努めて明るく話す祖父を見て、田中さんが語りかけました。

「僕が一番尊敬するのは、こうやって元気に話す永六輔、ではない。人が見ていないときの永六輔です。人前でかっこよくいることがもてはやされる時代。でも、人から見えないところでかっこよくいられない人間に何ができる、と思っているんです。こうして話している永さんの裏側には、人知れず自分と闘い、磨きをかける永さんがいるんだと思う」

人が見ていないところでかっこよくいられるか。

これは耳の痛い言葉です。僕自身、孤独に黙々とやり続ける受験生活から解放され、大学生になりました。「東大生」としての立場がチヤホヤされることもあります。

しかし、今より受験時代のほうがよっぽど、自分に自信を持っていました。それは「かっこよくある」ことより、「かっこよく見せる」ことを意識するようになった結果なのでしょう。

〝かっこいい男の条件は、闘っていること〟

祖父はこんな直接的な言い回しの言葉も遺していますが、男女を問わず、「かっこよくありたい」というのは、人間を突き動かす原動力の一つだと思います。

しかし、他人の前で取って付けたようにかっこつけても意味がない。人が見ていないところでかっこよくあり続ける。

まずはそこから始めない限り、真の意味でかっこいい人間にはなれないのだと思います。

今を生きる言葉―14

かっこつけないのが、かっこいい。
かっこいい人の条件は、
人知れず闘っていること

卵かけご飯の祖父が100万円

祖父はケチなのか太っ腹なのかよくわからない人でした。

パジャマのような服ばかり着ていたかと思いきや、江戸時代に作られた貴重な作務衣《さむえ》を着ているときもある。家の食器棚には、数百円と思《おぼ》しき食器の中に、1個数十万円の茶碗が紛れている…。

よく日常を共にした小林亜星さんから見ても、日頃の祖父はケチだったそうです。ただあるとき、亜星さんがある組織の不正を糾弾するために活動を始める、と祖父に連絡すると、祖父はすぐに賛同。直接会いに来て「これを使ってくれ」と100万円を手渡したそうです。

亜星さんはこう話します。

「飯は卵かけご飯、移動は電車。永さんの暮らしぶりはいつも質素だったけど、価値があると自分が判断したものには、いくらでもお金を使った」

価値があると判断したら、いくらでもお金を使う。

その背景には、学生時代から親交のあった映画評論家の淀川長治さんからもらった、ある言葉がありました。

〝一流のものなら何だって、借金してでも触れなさい〟

この言葉を聞いた祖父は当時31歳、金銭的余裕があるとは言えない状況にもかかわらず、仕事をセーブしました。大阪で勉強するためです。そこで一年間、一流の芸能やお芝居を見漁り、のちの仕事に役立てました。祖父はこんな言葉を遺しています。

〝高いも安いも、人気のあるなしも関係ない。自分が惚れ込んでしまったら、それは作り手に負けたんだから、お金を払う。そうして手に入れたものに囲まれて生きる。それが本当の豊かさだと思う〟

お金に頼らない姿勢を基本としながらも、使うときは思い切って使う。一方で無駄使いはなるべくしない。その緩急を楽しむことなら、誰にだってできることだと思います。

今を生きる言葉―15

一流のものに触れる。
自分が惚れ込んだものに
囲まれて生きることが、
本当の豊かさだ

「師」と慕う宮本常一さんの言葉

〝知識がありゃいいってもんじゃない。その知識を生かす知恵がなきゃ〟

これは祖父のメモ帳に走り書きしてあった言葉ですが、知識と知恵はどう違うのでしょうか。

祖父は、放送人の卵を育てる塾「ニコニコ堂」を30代のときに主宰しました。ところが、所属していたカメラマンの中井征勝さんによると、「言葉では何も教えなかった」らしいのです。

「塾」とは言うものの、一緒にいろんなことを体験するだけ。あるときは一緒に競馬場に行き、一人1000円と競馬新聞だけ渡して、誰が一番お金を大きくできるかを競う。あるときは全員を屋上に呼び出し、ペンキとハサミでTシャツ作り。

「僕たちと一緒に体験するだけで、アドバイスや答えを僕らに教えることは一度もなし。体験を伴ってこそ生きた知恵が身に付くというのが、永さんの考え方だった」

祖父が「体験すること」を重視した背景には、自身が「師」と慕う、民俗学者の宮本常一さんの言葉があります。祖父は大学生のとき、旅先での偶然の出会いから宮本さんのもとで民俗学を学ぶようになりました。あるとき、「放送の世界に行こうと思っている」と宮本さんに相談したときに返された言葉を、祖父は生涯、自分の仕事の基本理念として肝に銘じていたようです。

「スタジオでものを考えないこと。電波が届くその先に足を運び、そこで得たものをスタジオに持ち帰って発信しなさい。それができるなら、君が放送の世界に行くことを勧めます」

この言葉は、放送の世界とは関係のない人たちにとっても、噛《か》みしめたい言葉です。わからないことはすぐにネット検索、買い物や食事の際も口コミを参考にし、重要な話もメールやSNSで済ます。手だけを動かし、簡単に何かをやった気になってしまう。だからこそ、自分の足を動かす必要性が高まっているのだと思います。

今を生きる言葉―16

自分で足を運ぼう。
知識だけでなく、
知識を生かす
知恵を身に付けよう

約束の30分前に到着する理由

テレビ業界を退きラジオに専念するようになってから、祖父は一年のうち300日以上も、旅をしていました。

土曜日の放送が終わると旅に出て、そこで見聞きしたものを次の土曜日に話す。祖父は旅をすることの重要性を頻繁に語っていますが、それは祖父のような特殊な仕事柄できたことであって、普通は旅をしたくてもそう頻繁にできないのが現実です。ただ祖父は、ラジオに専念するようになる前も、また、体を悪くして旅の機会が減った後も、「日常生活で旅をする」ことを続けていました。

永家の中には、「タカオくん時間」という言葉があります。

たとえば19時にレストランで待ち合わせのときは、祖父は必ず30分前に着いて待っています。だから僕たちも「タカオくん時間で18時半だから」と言って早めに行きます。そして食事が始まるやいなや、祖父は早くも次のことをこう切り出します。

「来るときに新しいお店を見つけたから帰りに寄ろう」

せっかちな人だとばかり思っていましたが、どうやらそうじゃないらしいのです。約束の1時間前には家を出て、周辺を散歩し、30分前に店に入って散歩で得た「気づき」をメモ帳にまとめる。祖父はそれを習慣としていたのです。

自身が愛した「歩くこと」については、こんな言葉を遺しています。

〝歩くことも旅です。いろんな目を持って歩くこと。たとえば新緑の季節であれば、どうしても新緑ばかりに目がいってしまって、路傍の草花を見落としてしまいます。そこで、「今日は地面の草花を見る日」と意識的にテーマを決めて歩く。同じ散歩道でも、何通りもの楽しみ方があるんです〟

食事が始まってからも、箸袋に書いてある店名を見てあれこれ考え、由来や意味がわからないと店員に聞き、それをまたメモ帳に書き込む。

祖父の好奇心というアンテナは、いつも張られたままです。

〝曲がったことのない角を曲がったら、旅が始まります〟

これは通算1万2638回、49年間にわたって放送されたTBSラジオ『永六輔の誰かとどこかで』が、番組のテーマとした言葉です。

祖父が何歳になっても若々しかった理由がわかった気がします。

曲がったことのない角を曲がる。話しかけたことのない人に話しかける。目をつけないところに目をつける。

旅先では誰もが目を輝かせて生き生きとしますが、旅行に出かけることだけが旅ではない、ということを教えてくれました。

今を生きる言葉—17

歩くことも旅。いろんな目を持って歩けば、様々な「気づき」がある

「歩くこと」を愛していた祖父は、プライベートでも持ち歩いていたメモ帳に、行く先々で発見したささやかな「気づき」を記していた。メモ帳には資料や新聞記事の切り抜きも多数張られ、そこにさらにメモを上書きしていた。

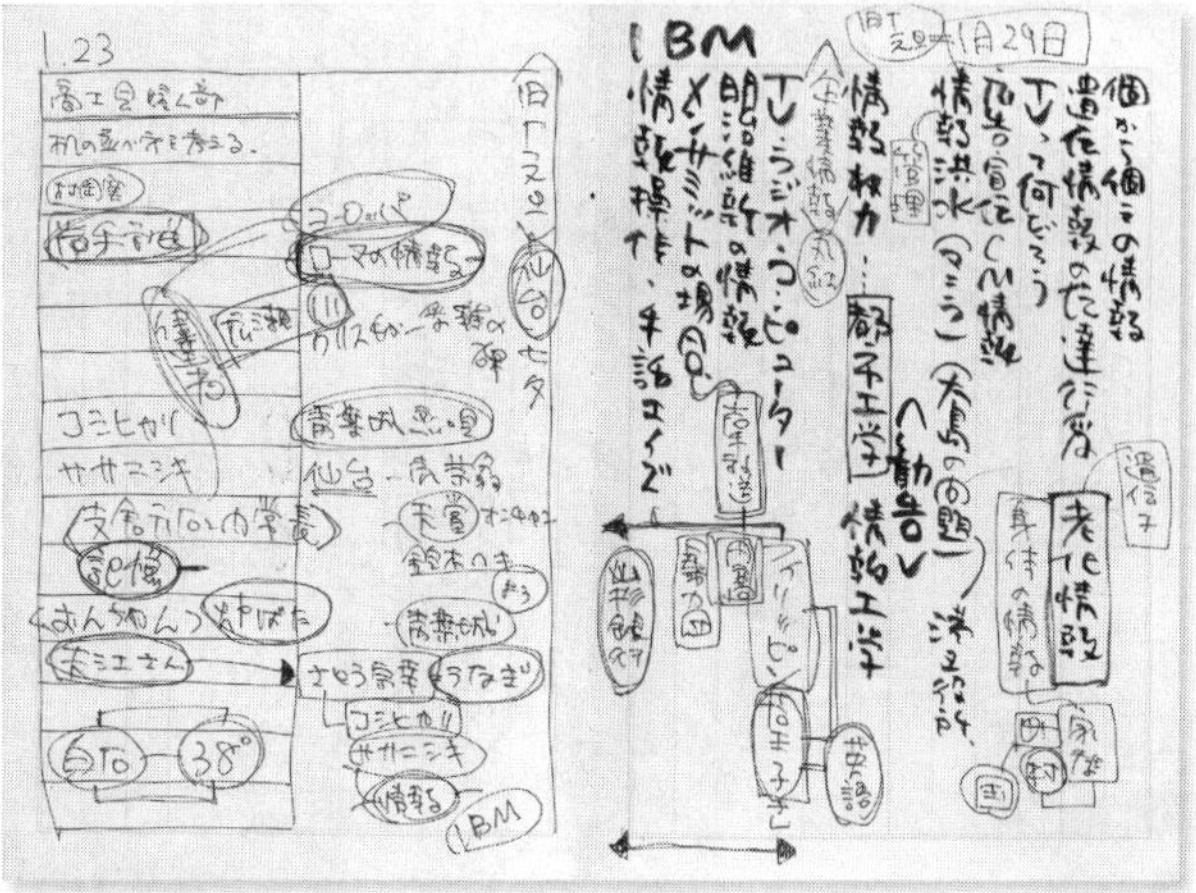
1.23
IBM
1月29日
個から個への情報
遺伝情報の伝達
TVって何だろう
情報洪水
情報権力
都市工学
情報工学
TV・ラジオ・コンピューター
明治維新の情報
情報操作、手話エイズ
老化情報
遺伝子
コシヒカリ
ササニシキ
記憶
白石
38°
仙台
七夕
ローマの情報
IBM

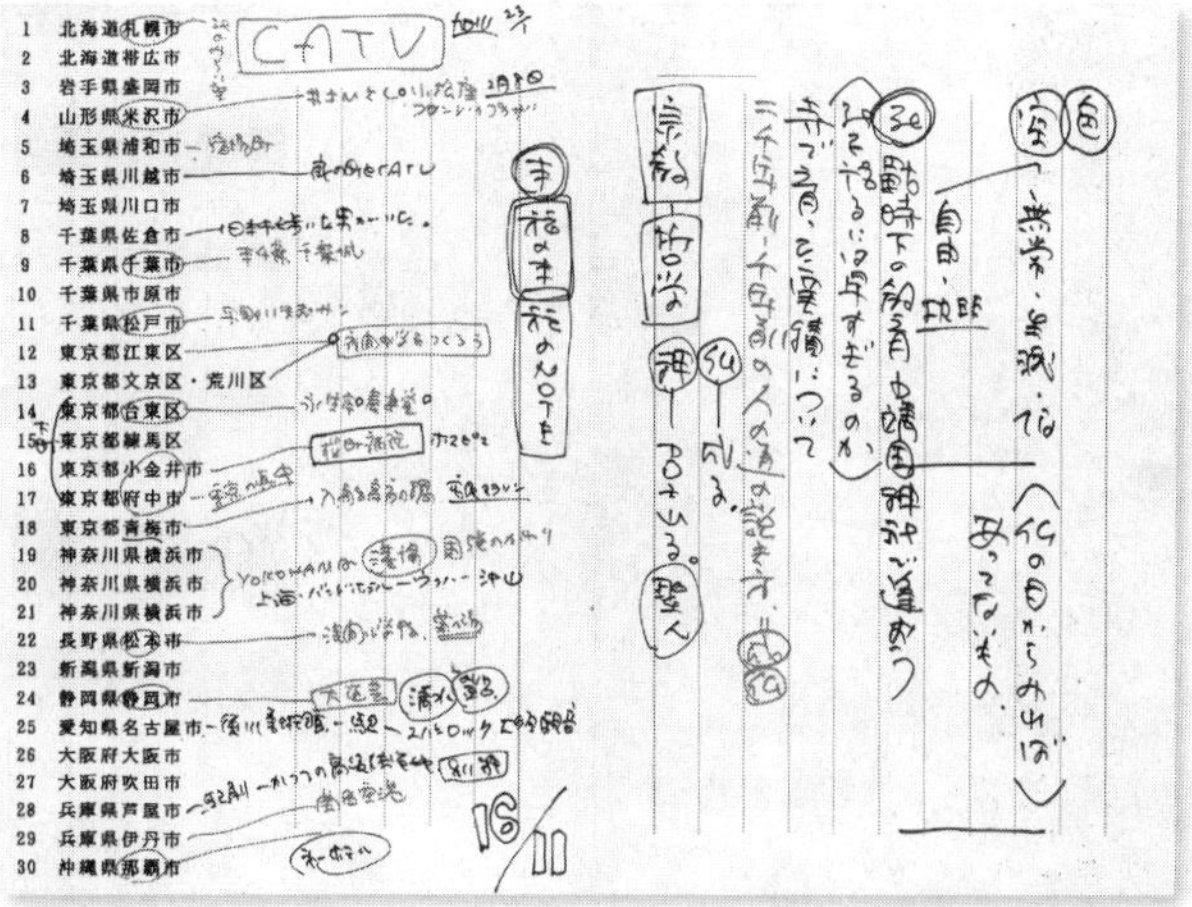
CATV
1 北海道札幌市
2 北海道帯広市
3 岩手県盛岡市
4 山形県米沢市
5 埼玉県浦和市
6 埼玉県川越市
7 埼玉県川口市
8 千葉県佐倉市
9 千葉県千葉市
10 千葉県市原市
11 千葉県松戸市
12 東京都江東区
13 東京都文京区・荒川区
14 東京都台東区
15 東京都練馬区
16 東京都小金井市
17 東京都府中市
18 東京都青梅市
19 神奈川県横浜市
20 神奈川県横浜市
21 神奈川県横浜市
22 長野県松本市
23 新潟県新潟市
24 静岡県静岡市
25 愛知県名古屋市
26 大阪府大阪市
27 大阪府吹田市
28 兵庫県芦屋市
29 兵庫県伊丹市
30 沖縄県那覇市
YOKOHAMA
自由
無常
哲学
聖人

祖父が執筆したり、本を読んだりするのに使っていた書斎。机上には、山ほどの資料が乱雑に積み上げられ、知識に対する貪欲さがうかがえる。亡くなって約1年が過ぎたが、いつ入っても、凛とした空気を感じる。

東京弁辞典
CHARITISSUE

3
他人に見返りを求めない

尊敬されるよりも愛されることは難しい

祖父は多彩な人脈でも知られる人でした。

中学生の頃に知り合って以来、親交を重ね、祖父の遺志を後世に伝えようと、「最後の対談」の相手を務めたシンガーソングライターのさだまさしさん。さださんは、祖父の人脈や人間関係のあり方についてこう分析しています。

「永さんは他人との付き合いの距離感を変えない人だった。自分の損得を考えて、人と付き合わない。この人は偉くなりそうだから仲良くしておこう、この人はそうでもないからまあいいや、という考え方を絶対にしない。だから僕を含めて、あれだけ多くの人に慕われたんだと思います」

たしかに祖父は、とあるインタビューの中で、「永さんの多岐にわたる人間関係は、自分なりに整理整頓されているのか?」と問われ、次のように答えています。

〝整理なんかしない。それは順位をつけるということでしょう。大事な人、次に大事な人って。そんなバカなことはしない〟

ファンの方々からいただいたハガキすべてに返事を書き、どんなに小規模の講演会でも呼ばれれば足を運ぶ。

一緒にロケに行ったスタッフやマネージャーには、ロケ先から「お疲れ様」と書いてハガキを出し、みんなが家に戻ったら届いているように取りはからう。

自分の生活とは直接関係のない職人さんの仕事のため、尺貫法復権運動を10年以上にわたって展開…。さださんはこう続けます。

「まず自分が興味を持った人にはすぐに会いに行く。とにかくその行動力が半端じゃない。一方で、自分に会いたいという人にはとりあえず会い、自分の目でその人のことを確かめる。だから、人脈はどんどん広がる。そして、どんなに忙しくなっても、偉くなっても、相手との付き合いの距離感を変えない。それが相手に信頼される秘訣だと思います」

10ページで述べた祖父の「お別れの会」で印象的だったのは、参列者のものすごい数や名だたる著名人の顔ぶれだけでなく、本当に心から涙を流しているファンの方々が実に多かったことでした。

あの光景を見て僕は、祖父がどれだけ「愛されていたか」ということを、改めて思い知りました。

〝尊敬されるのは、それなりの努力でなんとかなる。愛されるとなると、これはなかなか難しい〟

これも祖父の言葉です。

今、仕事などで成功して尊敬されている人はたくさん思い浮かびますが、さらに愛される人とまでなると、なかなか思い浮かびません。祖父の人間関係の一端を垣間見ると、人付き合いのあり方についても学ばされます。

今を生きる言葉―18

人間関係に順位をつけない。損得を考えずに人と付き合おう

久米さんに「送りっ放し」と皮肉

ネットが普及し始めていた当初、一部の著名人や権力者だけでなく、「誰もが自由に表現できる社会」の到来に、祖父は期待を寄せていました。とあるインタビューの中で、こんな発言をしています。

〝インターネットの功罪の功は、何でもない人たちが立派だということを教えてくれたこと。これはとても大事なことです〟

２０００年度から２０１５年度にかけて、ＡＯ入試での大学入学者数は約７倍に増え、東大も面接による推薦入試を取り入れました。受験だけでなく就活でも、「あなたを自由に表現してください」というような課題が増えています。

今まで以上に、「自己表現」が重視される社会になりつつあるようです。

ところが祖父は、「自己表現」ばかりでは意味がない、という考えも持っていました。

〝黙っていると認められない世の中だから皆、必死で自分のことばかり話している。でも、内容のある会話をしようと思ったら、聞く力、言葉に込められた思いを汲む力を鍛えるしかない〟

祖父はたしかに、「聞き上手」でした。

永六輔として仕事をしているときは「しゃべり」が〝芸〟なので、世間的には早口でしゃべり通しているイメージが強いと思います。

ただ、普段の祖父・永孝雄は対照的です。人に話しかけて、質問して、聞く。リスナーからの大量のハガキを読み込む。「歩く盗聴器」というあだ名をつけられたほど、「聞く」ことに徹していました。

前出の久米さんから聞いたエピソードです。

祖父と共演したラジオ番組が終了し、仕事の軸をテレビの世界に移しつつあった久米さんは、祖父とテレビ局ですれ違うたび、皮肉を言われたそうです。

〝相変わらず、送りっ放しだね〟

送りっ放しとは、「放送」を逆から読んだ言葉で、一方的に発信して視聴者の声や反応を聞いていない、という意味でした。これは久米さん個人というより、テレビ業界全体に対する批判なのでしょう。

久米さんはこう祖父を振り返ります。

「永さんというのは、ジャーナリストでもあった。ただ普通のジャーナリストと違うのは、個人や団体のことを客観的に伝えるのではなく、その人と同じ視点に立ち、そこから見える世界を伝えたこと」

祖父はこんな言葉を遺しています。

〝目を見つめ、一緒に笑い、一緒に泣く気持ちがないのなら、聞いていることにはならない。だから聞くことは、話すことよりずっと難しい〟

自身が出演していたTBSラジオの番組『全国こども電話相談室』の中でも、「好きな人に思いを伝えるにはどうしたらいいですか?」という小学生の女の子の質問に対して、こう答えました。

〝言葉は大切です。しかし、同じ視点で同じ感動を受け止めるのが、一番効果があります〟

聞くというのは、ただ耳で聞いてうなずくことだけでも、相手を受け止めるというだけでも、物足りないようです。

相手と同じ視点で、同じ感動を受け止める。それを意識してこそ、「聞く力」が身に付くのだと思います。

今を生きる言葉―19

聞くことは、話すことよりずっと難しい

永六輔のイメージは十人十色

祖父とのエピソードや言葉、人柄について、親交の深かった方だけでも30人近くに取材を重ねました。

家族が知らないプライベートな一面もたくさん聞くことができましたが、次の質問に対する答えだけは最後まで意見がまとまりませんでした。

「永六輔の最も核となるイメージは？」

先にも紹介しましたが、黒柳徹子さんの答えは「かっこいい人」。小林亜星さんは「お坊さん」、タモリさんは「博識」、久米宏さんは「怖い先生」、さだまさしさんは「つかみきれない人」。祖父の妹は「優しさ」、もう一人の妹と弟は「反骨」「遊び心」と答えました。この他、「ジャーナリズム」「旅」「ボランティア精神」「粋」などの意見がありました。

近しい立場の人の答えがここまで分かれるとなると、それこそが、つまり多くの顔を持つこと自体が、永六輔の真骨頂だったのだと思います。

24年間、TBSラジオの『土曜ワイドラジオTOKYO 永六輔その新世界』で共演したはぶ三太郎さんには、祖父に繰り返し言われた言葉があるそうです。

〝一人一人の顔を見て語りかけなさい〟

「リスナーたち」とひとくくりにするのではなく、「誰のため、誰に向けて」を意識して、話し方も変えなければならない。

はぶさんは、祖父のことを振り返ってこう話します。

「毎回2時間前にスタジオに入って、すべてのハガキに返事を書いて。永さんがあれだけ人を惹《ひ》き付けたのは、一対一の付き合いを大事にしたからだと思います」

冒頭の話に戻りますが、祖父は多面的な人間でした。

あるときは優しく、あるときは厳しく。あるときは激しく、あるときは穏やかに。その移り変わりが否定的に捉えられることもあります。

と同時に、一対一を大切にしていた証拠とも言えます。

祖父の著書とインタビュー記事に、その姿勢を裏付ける言葉を見つけました。

〝人というのは、もともと一人ずつなんですよ。群れを成すとしても、魚みたいにみんな同じ方向に動くのではなく、あくまで「一人ずつ」がいっぱいいる〝人間はみんな例外。一人一人、前例のない生き方をしている〟

僕たちが肩書きや年齢、外見など、表面的な特徴で他人をくくってしまうのは、そのほうが楽だからに違いありません。

しかし、人を惹き付けるためには、「この手の人は…」「経験上おそらくこの人は…」と決めつけず、付き合い方をそれぞれ一から考え直すこと。そのためにも、「一対一」を意識する必要があるのだと思います。

今を生きる言葉―20

人間はみんな〝例外〟の生き方をしている。一対一の付き合いを大事にしよう

新人へのの批判FAXに内緒で反論

「永六輔の〝粋〟」

「粋でいなせを貫いた83年間」

祖父が亡くなった直後の新聞や雑誌で、「粋」という言葉と共に訃報が報じられているのをいくつも目にしました。

普段あまり使わない言葉なので辞書で調べてみると、「さっぱりとあかぬけていて、色気があること」と出てきましたが、祖父にとっての「粋」とは何だったのでしょうか。

2004年、「粋」という言葉をテーマにした新聞のコラムの中で、祖父はこう書いています。

〝目立たないよう引いている。その含羞《がんしゅう》が粋〟

目立たないように引いている。そのことに関するエピソードを、今回取材した二人の方から聞くことができました。

祖父がタモリさんをＮＨＫのレギュラーに抜擢した話を紹介しましたが、簡単なことではなかったとタモリさんは続けます。

祖父が番組に抜擢しようとしたとき、当時のＮＨＫの偉い人たちから猛反対されたそうです。

「あんなに毒気のある芸風で、サングラスなんてかけてる人をうちの番組には出せない」

それに対して、祖父は「タモリは毒気があってサングラスをかけているからこそいいんだ」と最後まで絶対に譲らず、言い争いの末に出演を許可させました。

タモリさんはその経緯を人づてに聞き、祖父に感謝の言葉を直接述べましたが、祖父は「僕は何もしていないよ」と知らん顔をしたそうです。

タモリさんは言います。

「僕のことで相当揉《も》めたらしいんだけど、永さんがすごいのは、僕が有名になって仕事が増えてからも、俺があのときこうしてやったとか、俺があいつを世話してやったとか、そういうことを最後まで絶対に言わなかった。そういう部分が

〝粋〟な人だったよね」

ラジオ番組で16年間共演したTBSの外山惠理アナウンサーも、祖父のことを語るとき、「粋」という言葉を口にしました。

「私がアシスタントに決まったとき、あの子には務まらないとか、向いてないとか、批判のFAXがたくさん届きました。永さんは私に内緒で、そのすべてに、『外山君のいいところを見てあげてください』って返事を書いてくださった。あとでそのことを知ってお礼を言いに行くと、たった一言『いいんです』って。粋ですよね」

感謝されて嬉《うれ》しくないはずはありません。

しかし祖父は、感謝されて偉そうにする快感よりも、自分が「粋」であることを優先したのだと思います。

僕はまだ、誰かのために何かしたとき、ついつい感謝の言葉がほしくなってしまいます。でも、それは「粋」じゃない。人のために「さりげなく」何かができるように、心がけたいものです。

今を生きる言葉―21

「他人のために」は
目立たないよう
引いてやる。
その含羞こそ粋

「いつも怖い存在」が有難い

著名な方々の祖父の印象について書いてきましたが、一緒に仕事をした方々だけに限ってても、「優しい」という人もいれば、「怖い」という人もいます。

とりわけ「いつも怖い存在だった」と振り返るのが、久米宏さんです。

久米さんのキャリアは祖父の番組の雑用係から始まりますが、5年後に番組が終了して以降は、祖父とレギュラー番組で共演する機会はありませんでした。

しかし、久米さんは祖父を思い出すたび、今でも叱られている気分になるそうです。

「離れてからも常に睨《にら》まれている気がして、永さんはいつまでも怖い存在だった。でもあんなに真剣に睨んでくれる人は、永さん以外いなかった」

怖いけど、有難い。

僕自身、中学・高校時代は教師の目にストレスを感じ、早く大人になりたいと思うことがよくありました。しかし大学に入ってから、先生という存在の有難みに気づきました。自分で自分を律するのは、案外難しいことだからです。

祖父が常に持ち歩いていたメモ帳の中には、こんな言葉が遺されていました。

〝自分を叱ってくれる人は、探してでも見つけろ〟

祖父が70代のときに使っていたメモ帳です。

立場と年齢からして、祖父を叱るような人はいないからこそ、自分に鞭《むち》を打つ存在を求めていたのかもしれません。

久米さんと祖父の話には、後日談があります。祖父が亡くなってから久米さんが、祖父と出会った番組のプロデューサーさんと話したときに聞いた話です。

「どうしてあのとき僕に仕事が回ってきたんですか？」と久米さんが質問すると、

「あれは僕が選んだんじゃなくて、永さんが、久米さんを名指しで選んだんだよ」

と打ち明けられたそうです。

「病気明けで仕事もなくぶらぶらしている僕を見て、面白がってくれたのかもしれないね。永さんがいなかったら今はない」と久米さんはしみじみと語りました。

祖父は、「怖い存在」を避けるのではなく、探してでも見つけるべきだと言います。久米さんも「いつも怖い存在だった」祖父に、感謝の言葉を惜しみません。
怖くて避けたいと思うような人でも、すぐには逃げ出さない。
久米さんの体験談からは、そんなことも学ばされます。

今を生きる言葉ー22

自分を叱ってくれる人は、探してでも見つけよう

嵐の大野智さんに助けられた思い出

〝生きているということは、誰かに借りを作ること。生きていくということは、その借りを返してゆくこと〟

祖父が繰り返し使っていた言い回しですが、僕はこの言葉を聞くと、ある出来事を思い出します。

小学生だった僕はある日、兄と両親と中華料理屋に行きました。食事中、トイレに行こうと思い、席を離れました。しかしどちらが男子トイレか表示がわかりにくく、扉の前で立ち尽くしてしまいました。

まだ小学生、店員に話しかける勇気もなく、ただキョロキョロしている。そんな僕を見て、近くの席に座っていたお兄さんがわざわざ僕のところへやって来て、「こっちだよ」と連れて行ってくれました。

無事にトイレを済ませたあと、お礼を言おうと思い、さっきのお兄さんの席に行って顔を見ると、なんとその人は、嵐の大野智さんでした。

このときの経験を思い出すと、今でもつい興奮してしまいます。

超有名グループのリーダーに助けられたということではなく、テレビの中でしか見ることができなかった〝すごい人〟も、僕みたいな無名の子どもを手助けするという事実が嬉しくて仕方なかったのだと思います。

冒頭で紹介した祖父の言葉には続きがあります。

〝誰かに借りたら誰かに返そう。誰かにそうしてもらったように、誰かにそうしてあげよう〟

僕は街中で困っている人、とくに子どもを見ると、何かを手伝ってあげたいという衝動に駆られます。おそらくそれは、自分が幼い頃、大野さんに助けられた記憶があるからだと思います。

同じような経験と考え方を持つ人は少なくないのではないでしょうか。

祖父の兄弟姉妹に聞くと、一連の言葉は祖父の父・忠順さんが、祖父に言っていた言葉だったそうです。

曾祖父は、祖父が長野に疎開中も毎週、激励の手紙を書いて送っていました。

70ページにも書きましたが、疎開中、祖父はいじめを受けていました。曾祖父の手紙が、祖父の心の支えになっていたのでしょう。

疎開から戻った際、祖父が曾祖父にお礼を言おうとすると、「自分ではなく、他の誰かに返してやってくれ」と言われたらしいのです。

筆まめで、多いときは年間4万通ものハガキや手紙を書いていた祖父ですが、「誰かに返す」ことを、まさに実践していました。

ラジオで46年間パートナーを務めた元TBSアナウンサーの遠藤泰子さんも、その一人です。あるとき交通事故を起こし、出演番組すべてを降板となった時期があったそうです。

そのときに祖父からもらった手紙を僕に見せてくれましたが、そこにはこんな主旨のことが記されていました。

〝まァ、暫《しばら》くやすみなさい。来週まできついでしょうけど、それはガマンしなさい。とに角、あなたでないと、僕は困るのであります。不愉快なことがこれだけ続けば、泰子は「いいオンナ」になることうけあいます。一人で考え込まないように〟

遠藤さんはこの手紙を宝物のように大切にしてくださっています。

言葉は口に出すだけでなく、紙に書き綴《つづ》ると、また違う魅力を持つものだと実感させられました。僕も大切なことは紙に綴っていきたいと思います。

今を生きる言葉―23

生きているということは、
誰かに借りを作ること。
生きていくということは、
その借りを返してゆくこと

生きる望みを失った若者への手紙

旅好きの祖父が足繁《しげ》く訪れていた場所の一つに、新潟県の佐渡島があります。

1970年4月、当時祖父がパーソナリティを務めていたラジオ番組には、受験に失敗した若者たちから「大学に落ちて生きる望みを失った」という主旨のハガキが、多数寄せられたことがありました。

それに対し祖父は「生きる望みを失ったなんて簡単に言うもんじゃない。佐渡の知人と島おこしを始めるから、君たちも一緒に働き、一緒に太鼓を叩《たた》こうではないか」と、彼らに佐渡へ来ることを勧め、島おこしのイベント開催を呼びかけたそうです。

すると放送後、63通の問い合わせと申し込みの手紙が届き、その夏、多くの若者が佐渡に集まることになります。そして彼らはイベントの活気に魅了され、佐渡に残って和太鼓集団を結成し、現在に至るまで世界的和太鼓集団「鼓童」として活動が続いています。

祖父が亡くなってから、僕は15年ぶりに佐渡を訪れました。5歳のとき、祖父と訪れて以来のことです。そして、鼓童の練習施設を訪ねると、祖父がメンバーに宛てた仏様のイラスト付きの手紙が、額縁に入れて大切に飾られているのを発見しました。

〈人間 自分で変えられない時は 変えて貰えばいいのです。まだまだ変われます。〉

手紙のこの言葉について、和太鼓集団の創設メンバー大井良明さんはこう語ります。大井さんも、浪人中に祖父の番組を聴いていて、イベント参加を決めたそうです。

「うまくいかないとき、自分でいくら考え込んだって、どうにもならないときはある。そんなときは自分の足を動かして、人に触れ、ぶつかることが大事。私たちは永さんの言葉をそう読み解きました。永さんが僕たちのような人生に行き詰まっていた若者に、佐渡へ来ることを勧めたのも、そういう考え方をしたからかもしれない」

何かうまくいかないとき、殻に閉じこもりたいときこそ、人と触れ合う。そうして刺激を得ることで力が漲《みなぎ》り、状況が打開される。何かうまくいかないときはそう信じて、殻を破ることに挑戦してみたいと思います。

今を生きる言葉―24

自分で変えられないときは
変えてもらえばいい。
人間はまだまだ変われる

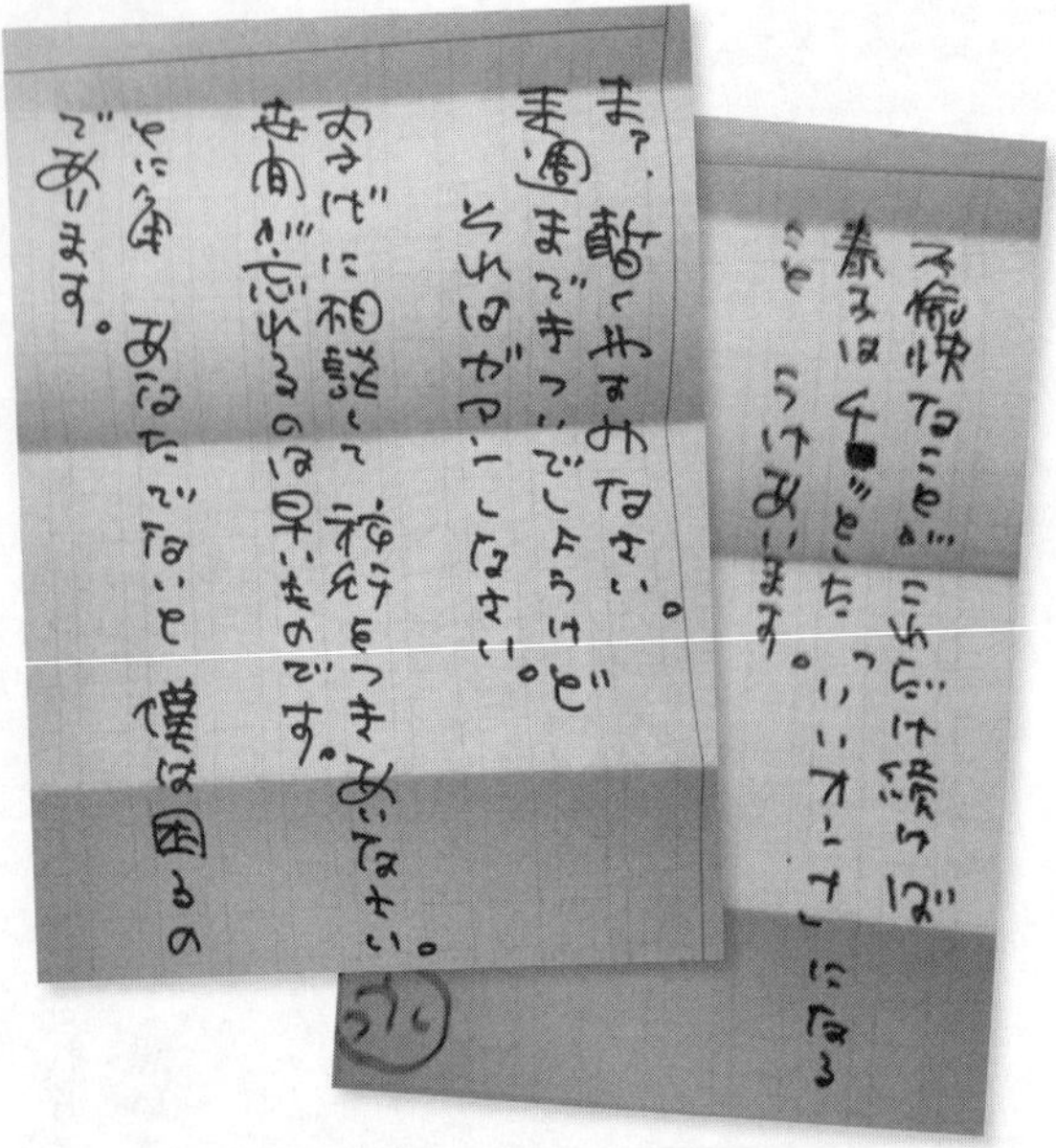

まァ、皆くやすみなさい。
それはガマンしなさい。
とに角 あなたでないと 僕は困るのであります。

愉快なことがこれだけ続けば
ことうけあいます。

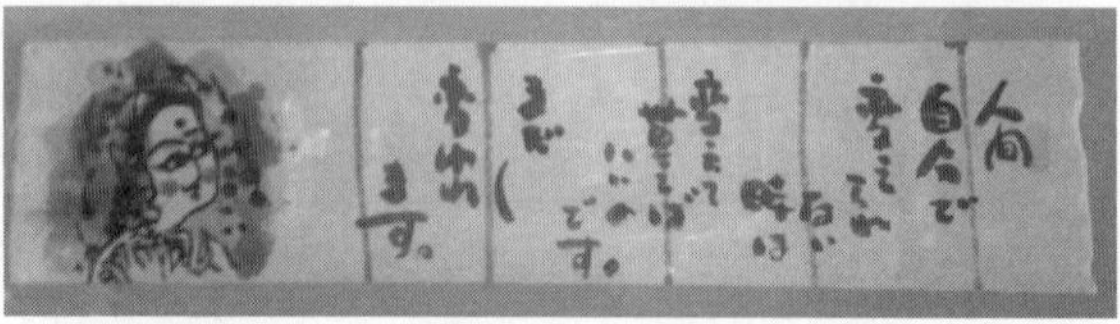

祖父が遠藤泰子さんに送った手紙（上）と、佐渡島の和太鼓集団への手紙。多い年は4万通ものハガキや手紙を書いた祖父だが、曾祖父の手紙が「心の支え」になった体験が影響しているのだろう。受け取った人の多くが、今も大切に保管してくれている。

年間4万通ものハガキを書く意味

祖父は携帯電話を持たず、ネットやSNSも利用しませんでした。代わりに祖父が愛用したのが、ハガキです。ラジオ番組に寄せられたものを含め、すべてのハガキに返事を書き、多いときは年間4万通、つまり一日100枚以上のハガキを出していました。どうしてそこまで自分の手で書くことにこだわったのか。

祖父からもらうハガキについて、黒柳徹子さんはこうおっしゃいます。

「永さんからのハガキは、いつも一行くらい。でもその一行にすべてがつまっているの」

祖父はラジオでこんな話をしていました。俳優の渥美清さんと海外を旅したとき、渥美さんが祖父に「一枚分けて」と言ってハガキをもらい、あっという間に何やらしたためポストに入れようとしている。気になった祖父が渥美さんにハガキを見せてもらうと、宛先は母親で、「おれ、元気」とだけ記されていました。

「元気かどうか」という、親が本当にほしい最低限の情報だけに絞って伝える。

祖父はその書き方にとても感心したそうです。

祖父のハガキに言葉が少ないのは、渥美さんの影響もあったのかもしれません。

祖父は言葉の伝え方について、こう遺しています。

〝わかりやすく伝えようとするけど説明はしすぎない。そうして語られた言葉を、想像力を総動員して聞き、余白に込められた思いまでを味わう。豊かな言葉の遣《や》り取りとはさほど周到な工夫と智恵を要するのだが、大変だと思うよりは楽しんでしまうことだ〟

〝笑いに張り付いた涙を思い、わかりやすさの裏にある複雑さを思う。それが言葉を楽しむということ〟

祖父の言葉を知り、こう考えさせられます。

「何事も、簡潔をもってよしとする」

僕の世代の人間関係では、「とりあえずつながっておく」ことがよくあります。

何度か話しただけの大学の知人から、SNSに「友達申請」が来たり、飲みの席で一度一緒になっただけの人と連絡先を交換したり…。すると、それから仲を深めるわけでもないのに、とりあえず互いの近況だけは把握し合うことになります。

旅先で出会った人も一緒です。ヨーロッパの旅で仲良くなった現地人は、大抵SNSを利用していたので、連絡先を交換しました。今でも写真付きの近況報告を通して、どこで何をしているのか把握し合っています。

一方、インドや東南アジアで出会った人は、SNSをやっていない人ばかりだったので、その場限りの縁。彼らが今どこで何をしているかわかりませんし、彼らと再会する手段もありません。しかし、日本に帰ってからよく思い出したり、また会いたいなと思ったりするのは、圧倒的に後者のほうです。

もう会えないからこそ記憶を風化させたくない。よくわからないからこそ会いたくなる。不思議ですが、そういった心理が働くようです。

多いときでは、祖父は一年のうち300日以上を旅に充て、文通している人たちに直接会いに行きました。もしその方たちと頻繁に電話したり、長文の文通をしていたりしたら、むしろつながりは薄れ、会いに行く気は起きていなかったかもしれません。

つながりが薄くならず、適度な情報交換ができる。祖父がハガキを愛用した理由はそこにあったのかもしれません。だからといって僕たちが携帯電話を捨てて、ハガキだけで暮らすことはできません。ただ、意味もなく連絡先を交換したり、近況を伝え合ったりするのは、ほどほどにしようと自戒させられます。

つながりを保っておく安心感と引き換えに、その人との関係性や一緒に過ごした記憶が、陳腐になってしまう気がするからです。

今を生きる言葉―25

わかりやすく伝えようとするが、説明はしすぎない。わかりやすさの裏にある言葉の複雑さを楽しもう

祖父は年間300日以上を旅に充てることもあったが、旅先からも、文通相手や僕たち家族一人一人にハガキを頻繁に出しており、近況報告や、日頃は口にしないようなメッセージを伝えていた。僕宛の初めてのハガキは福井からだった。

他人の悪口を言う暇がなかった？

愚痴をこぼしたり、他人の悪口を言ったりしてしまうことは、誰しもあることだと思います。

しかし、16年間祖父の現場マネージャーを務めた佐伯美佳さんは、「永さんが他人の悪口を言っているのを、見たことも聞いたこともない」と言います。

一緒に仕事をしていたマネージャーさんも、家族である僕も聞いていないということは、祖父は本当に他人の悪口を言わなかったのかもしれません。

では祖父は、他人の悪口はいけないと自分を厳しく律していたのか。どうやらそういうことではないようです。祖父のメモ帳の中に、ある言葉を見つけました。

〝悪口を言わない程度の忙しさは必要だ〟

祖父が悪口を言わなかったのは、忙しくてそれどころではなかったからなのでしょう。

僕自身も感じることですが、人間関係に関して、小さなトラブルで大いに悩むときもあれば、かなり深刻なことがさして気にならないときもあります。

では、どういうときに悩みやすいかというと、自分の現状に不満があったり、暇で時間を持て余していたりするときです。

先にも書きましたが、僕は高校時代、部活を辞めた後に自暴自棄の半年間を過ごしました。

今思えば、自分を最も悩ませていたのは劣等感でした。仲間と一緒に何かに打ち込み、充実感を得ている人たち。それに比べて、何もせず一人、家で寝ている自分。何のアイデンティティもない。何もすることがなく暇だからこそ、自分と他人を比べてばかりいたのでしょう。

結局、その半年間を経て、東大受験という形で、自分のことに集中できるようになりました。

〝他人のことが気になるのは、自分が一生懸命やっていないからだ〟

〝他人と比べても仕方ない。自分の能力と自分がやっていることを比較しないといけない〟

これらは祖父の言葉です。

もっと早い時期にこの言葉に触れていれば、自暴自棄に陥ることなどなく、自分の人生をより早く立ち直すことができたかもしれません。

他人が気になるとき、他人を悪く言いたくなるとき、それは自分のやるべきことができていないシグナルかもしれないと、まずは受け止めてみようと思います。

今を生きる言葉―26

他人と比べても仕方ない。他人のことが気になるのは、自分が一生懸命やっていないからだ

なぜ「一人旅」にこだわったのか

僕の母は子どもの頃、祖父に「一人旅をしなさい」とよく言われたそうです。思い返せば僕自身、「一人であっちこっち行きな」と祖父に何度か言われた記憶があります。どうして祖父は「一人」ということにこだわったのか。

その疑問が解けたのは、祖父が著書の中で、自らの「旅」について語っている箇所を読んだときです。

〝人から人へつながっていく。だから、この先で何が起こるか全然わからない。わからないままに、つながっていく。これがまさしく僕の旅です〟

家族旅行のときですら、祖父はよく一人でどこかに消えてしまいました。見つけたと思ったら、お店の人と楽しそうに話している。どうやら祖父が「一人」を愛したのは、孤独が好きだからではなく、むしろ人との新しい出会いを存分に楽しむためだったようです。

自分自身の旅を振り返ってもわかりますが、グループ旅行と一人旅では、現地で出会う人の数が全く違います。一人だからこそ人に話しかけたくなるし、周りも話しかけやすい。そして一人だからこそ、人との出会いに身を委ねて旅をできる。

〝わからないままに、つながっていく〟

祖父の生涯を辿ってみると、これは旅についてだけじゃなく、祖父の人生そのものを言っているようでもあります。

放送作家の三木鶏郎さんとの出会いから、放送の世界に入り、大学の先輩、中村八大さんに声をかけられ、作詞を始める。31歳のときには芸能を学ぶため大阪に渡り、宿を探しているとき、当時の電通の社長さんに遭遇し、家に居候させてもらうことになる。そうして毎日芸能を観て過ごし、桂米朝さんなど一流の芸人さんとのつながりもできた。すぐに帰るつもりが、結局1年間の滞在になった。

祖父の時代に比べて、今はネットで調べれば必要な情報が簡単に得られるうえ、SNSで知人友人とのつながりを感じることもできます。

知らない人に話しかける必要性は圧倒的に減っていて、僕自身、新しく知り合うのは週に一人二人しかいません。しかし祖父の人生のターニングポイントには、いつも人との新たな出会いがありました。

祖父はこんな言葉を遺しています。

〝独りでいるということは、旅をしているということ。旅をするということは、出会いがあるということ〟

出会いを楽しむのに、必ずしも旅に出る必要はない。

一人旅は出会いを学ぶ絶好の機会だけれど、普段から旅をするように生きる。

祖父が言いたかったのはそういうことだと思います。

今を生きる言葉—27

人から人へとつながっていくというのが旅。一人で旅をしていれば、出会いがある

4

老いも病も死も怖くない

永六輔と太宰治の共通点

パーキンソン病、前立腺がん、大腿骨頸部骨折《だいたい》。祖父は晩年、病気や怪我、それに伴う精神的な苦痛にも悩まされました。そのときに繰り返し言っていたのが、「笑うこと」の大切さです。こんな言葉を遺しています。

〝僕はいろんな病気を持っていて、辛いことがいっぱいある。痛かったり、しびれたり。だけど笑っている間は痛くない。笑うということは、弱い人にとって武器になるんです〟

そして2011年の東日本大震災後、宮城県を訪れた際の講演の場では、冒頭にこんな話をしました。

〝今日は笑い話をたくさん持ってきました。悲しくて、気が重くて、笑ってる場合じゃないと思う方もいらっしゃるけれど、本当は笑いたいんだと思う

笑っている場合じゃないけど、笑いたい。〟

この言葉を聞いて僕は、ある小説のラストシーンを思い出しました。太宰治の

『人間失格』です。

自殺に失敗し、希望もなく、薬に溺れる主人公はある晩、女中のテツに「カルモチン」という睡眠薬を買ってこさせます。しかしそれを飲んでも一向に眠くないうえに、お腹を下してしまいます。

おかしいと思って薬の箱をよく見ると、それは「ヘノモチン」という下剤でした。それに気づいた主人公はなぜか、急に笑い出してしまうのです。

〈自分は仰向けに寝て、おなかに湯たんぽを載せながら、テツにこごとを言ってやろうと思いました。

「これは、お前、カルモチンじゃない。ヘノモチン、という」

と言いかけて、うふふふと笑ってしまいました。「廃人」は、どうやらこれは、喜劇名詞のようです。眠ろうとして下剤を飲み、しかも、その下剤の名前は、ヘノモチン。〉

太宰は結局、このラストシーンを書き上げてすぐに自殺してしまいました。この作品は別に、ポジティブな意味合いを持って書かれたわけではないと思います。

ただ僕を含めて、この作品に勇気づけられた人は少なくないはずです。

絶望的状況をすべてひっくるめ、笑う。薬に頼らなくても笑うことで、現実の見え方を一変させることができる。

「笑う」というのは、生存維持とは直接関わりがない、言わば「なくてもいい」機能だそうです。

それがわざわざ人間に与えられているのはなぜか。「笑いが武器になるから」と考えるのは、祖父と僕だけでしょうか。

今を生きる言葉―28

辛いことがあっても、笑っている間は気にならない。笑うことは弱い人にとって武器になる

自分の年齢に36億を足して感謝する

「自分の命に感謝しましょう」というようなことを、小学校時代に習った記憶があります。

ただ、何に対してどう感謝すればいいのか、あまりピンときません。

それは気づいたら生まれ、気づいたら成長し、とくに今の日本では、大半の人は必死にならなくても生きていくのに困らないからだと思います。

そこで祖父は「命に感謝しましょう」と言う代わりに、「自分の歳に36億を足しましょう」と言いました。

〝今から36億年の昔、海の中のミネラルとアミノ酸から命が誕生しました。この小さな小さな命が進化してきます。「少しでも長く生きたい」「何とかしてでも命をつなぎたい」という気持ちが、僕たちの命のなかにずっと伝わって生き続けている。つまり、我々の年齢というのは、生まれた時から数えてはいけないんです。36億足さなければいけません〟

最近、ペットボトルのラベルや牛乳パックに、「お客様に届くまで」の過程が書かれているものをよく目にします。それを見つけると、つい読み込んでしまいます。

「北海道の肥沃《ひよく》な大地で、山田さんが3年かけて開発した肥料のバランスと、牧草にこだわって作った生乳を、新鮮なうちに産地の工場で殺菌、パッキングし…」

生産過程を知ることでより美味しく感じるように、命の歴史を知ることで有難みを知る。

祖父が「36億を足しましょう」と言ったのは、そのような狙いがあったからだと思います。祖父は命の尊さについて、次のような言葉も遺しています。

〝何が運がいいって、こうして生きていることです。生きてごらん。面白いから。何もしなくていい。何もしなくても、生きているだけで面白いから〟

「常に感謝しながら生きる」なんてことをしたら、かえって疲れてしまいます。

でもたまに、たとえば感情が乱れたときだけでも、ふと自分の命の歴史に思いを馳《は》せ、感謝する余裕を持ちたいものです。

今を生きる言葉―29

生きているだけで運がいい。何もしなくても面白い

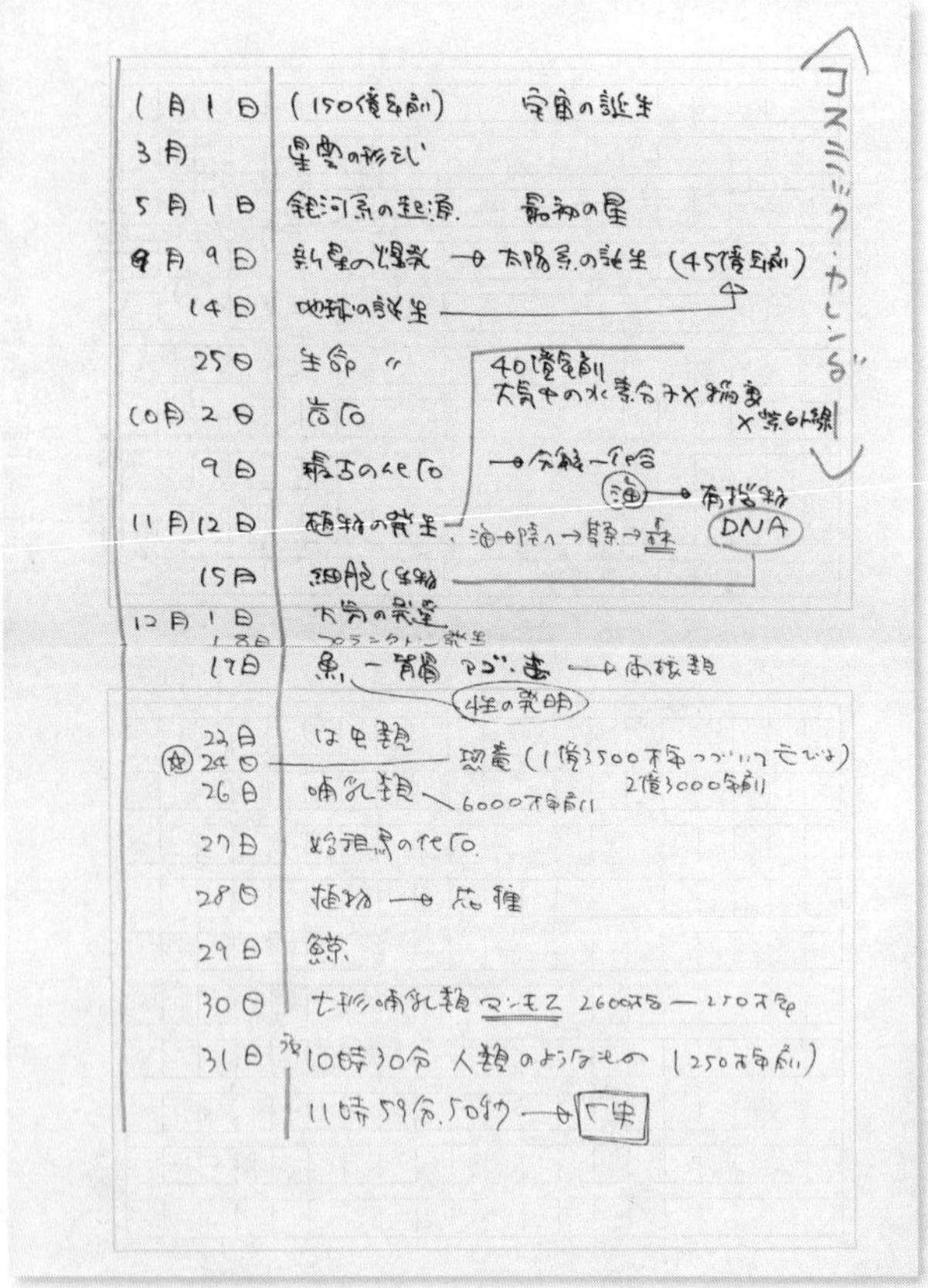

宇宙の誕生から現在までを1年間に換算した「コズミックカレンダー」も、祖父のノートに詳細にメモされていた。祖父は「自分たちの年齢は生まれてから数えるのではなく、36億を足して感謝しましょう」と語っていた。

引退せず、人前に出続けた理由

繰り返し書いてきましたが、祖父は晩年、パーキンソン病という難病を患いました。手足が震え、歩行が困難になり、呂律《ろれつ》が回らない。世間からは「何を言っているのかわからない」「もうラジオを引退すべき」と批判の声もありました。しゃべりを〝芸〟にしてきた祖父にとって、自分が衰えていく姿は「無様」であり、たしかにそれを晒すのはあまり賢明な選択とは思えません。病気にかかったのだから、潔く引退したとしてもよかったでしょう。しかし祖父は、決して引退しようとしませんでした。入院せざるを得なくなったときも、病院から中継してラジオに出演し続けました。

ＴＢＳラジオの番組『土曜ワイドラジオＴＯＫＹＯ　永六輔その新世界』で、24年間にわたって毎週祖父と共演したはぶ三太郎さんは、当時の祖父の様子をこう振り返ります。

「批判されて、永さんは弱気になっていた時期もあった。それでも結局、最後までラジオを続けることを選んだ。そうした理由は、ラジオが好きだから、ということだけではないはず。〝自分の体を張って見せる〟という狙いがあったと思う。病気に苦しみながらも明るく話したり、車椅子で何度も被災地に赴いたり…。その姿を見せることで、病気や震災で苦しむ人たちに、少しでも勇気を与えたかったんでしょう」

引退すれば楽かもしれないが、それで終わり。自分がやり抜けば、批判する人がいるかもしれないが、勇気づけることもできる。いずれにせよ、世間の目を向けることができる。だから「何かをやり続ける」ことを選んだのでしょう。

祖父はこんな言葉を遺しています。

〝誰も反対しないようなことをやったって、誰も何かやったとは思わない〟

何かの行動を起こしたいけど、批判がありそう。そんな状況を迎えたときは、この言葉を思い出そうと思います。批判があるということは、その行動に価値があることの裏返しだとも思うのです。

今を生きる言葉―30

自分の体を張って見せる。
誰も反対しないようなことをやっても、
誰も何かやったとは思わない

インドで見た衝撃的な弔い方

まだ若く病気もない僕が「死」に興味を持ち始めたのは、祖父が亡くなる半年前のことです。

インド東部にあるヒンドゥー教の聖地、バラナシという街を一人で訪れました。この街には「聖なる河」であるガンジス河が流れ、その川岸には火葬場があるのですが、火葬場といっても日本のそれとは全く様子が違います。建物もなく囲いもなく周りから丸見えで、次々と遺体を焼くのです。積まれた薪《まき》から徐々に火が燃え移り、体が黒ずんでいき、燃え尽きて灰になったら布に包んでガンジス河に投げ込む。燃えていく人の体を間近で見るのは初めての経験でした。

ただそれ以上に衝撃的だったのは、横で見ている遺族の様子です。

誰も泣かず、悲しそうにするでもなく、淡々と行う。亡くなった人の長男が、遺体の頭蓋骨を斧《おの》で割るという習慣も、何の躊躇もなく行われます。

宿に帰ってインド人のオーナーに話すと、こう諭されました。

「誰だって死ぬ。ちゃんと死んで火葬できたなら素晴らしいことじゃないか」

特定の宗教を持たない日本という国は世界の中では珍しいと、頭では理解していました。ただ、インドに来て初めて、「死」に対する免疫がない日本人が普通ではないことを、身をもって知りました。

祖父の著書『大往生』が200万部を超える大ベストセラーになったのは、死を真正面から堂々と語ったという点で、当時の日本においては画期的な内容だったからだと言われています。それも前向きに。

祖父はインタビューの中で、『大往生』を書いた経緯について、次のように述べています。

〝神道の国である日本は死を汚れとして考え、死という言葉を使わず、また見ないようにする慣習がある。だからいくらでも死を避けることができた、自分が死ぬまでは。でも高齢社会では死は目前のことであって、必然的に慣習の見直しが出てきた〟

だから祖父は、死をもっと身近なものとして、真正面から考えようと試みたのでしょう。

そもそも祖父が「死を身近なものとして捉える」ことができたのは、祖父が生まれ育った環境が関係しています。

祖父の実家は、江戸時代から続く最尊寺というお寺。自分の家で父親が葬式をやり、家の向かいには墓地もある。幼いながら「死」を直視せざるを得ない特殊な環境で、祖父は生まれ育ちました。

祖父の9歳年下の弟は、まだ小学生の頃、祖父にこう言われたそうです。

「わかるか、これは父さんが言っていたんだけどな、人間の一生っていうのは旅みたいなもので、魂が一時的に人間の形をとっているだけなんだ。だから死ぬっていうのは旅から帰るようなもの。みんな盛大に祝福してくれるから、怖がらなくていいんだよ」

弟さんが小学生ということは、祖父がまだ10代のときのことでしょう。

そしてそれから40年以上後に書いた『大往生』でも、同じようなことを書いています。「あとがき」として祖父は、死後の自分に宛てた弔辞を書きました。

〈旅暮らしの中で、一番好きな旅はと聞かれ、「我家への帰り道」と答えた永さんです。その永さんがあの世へ往《い》ったら先に往っている皆さんに、またあることないことしゃべりまくることでしょう〉

旅が終わってしまう寂しさがありながら、無事に家に帰れることへの安心感もある。20歳の僕はまだ、本当の意味での死の恐怖を知らないとは思いますが、それでも自分の死から目を背けずにいたいと思います。

今を生きる言葉―31

怖がらなくていい。
死ぬということは、旅から帰るようなもの。
家に帰れることへの安心感もある

「生」を考えるのに最適な場所

『見上げてごらん夜の星を』は夜間学校に通う学生のため、『上を向いて歩こう』は安保闘争に負けた自分たち若者を励ますための歌であることは、先にも紹介しました。どちらも根底には、「弱い立場の人たちを励ます」というテーマがあります。

もう一つ、どちらも「夜空を眺める」歌詞であるという共通点があります。どうして祖父は人を励ます歌の舞台に、「夜空」を使ったのでしょうか。

亡くなってから、祖父が山梨放送の番組に出演した際のDVDを、家で見つけました。番組の中で祖父は「人間の生」というテーマで講演をしたのですが、会場としてプラネタリウムを使うのが、この講演の肝でした。

講演前のインタビューで祖父は、プラネタリウムを会場とすることについて、こう語っています。

〝人間の生というのは一瞬です。一瞬というのは、宇宙と比べたときに一瞬なんです。だから人間の生を考えるのに、プラネタリウムというのは最適な場所なんです〟

夜空を見るということは、つまり自分と宇宙を比べること。月や星の大きさ、遠さ、歴史の長さ。そのスケールと自分の存在を比べると、嫌でもその存在の小ささ、命の短さを思い知らされる。

しかし、それは決して悲観的な意味ではありません。

〝人間、死ぬとわかっているんですよ。歌わずにいられますか。叫ばずにいられますか〟

これは祖父の著書の中の言葉です。

自分の小ささ、命の短さを知ることは、自分の視野を埋め尽くしていた悩み苦しみの小ささを知り、俯瞰《ふかん》することでもある。

そして、どうせ一瞬の命なら、気負わず思いっきり、歌ったり、叫んだり、やりたいことを存分に楽しもう。

祖父が言いたかったのは、そういうことでした。

悩んでいるとき、迷いがあるときは、ただ夜空を眺めるだけで、悩みや苦しみの小ささに思い至り、大きく視野が開けることもあるのではないかと思います。

今を生きる言葉—32

宇宙に比べれば
人間の生というのは一瞬。
死ぬとわかっているのだから、
やりたいことをやろう

黒柳徹子さんへの感謝の一通

〝黒柳クン、回転寿司のときは有難う。最後に大笑いさせてあげられました〟

徹子さんに見せていただいた祖父のハガキには、こう短く記されていました。回転寿司、最後、大笑い…。いったい、どういう意味なのか、これだけ読んでもわかりません。

このハガキが送られたのは15年前。祖父の妻であり僕の祖母・昌子さんが亡くなった直後のことだったそうです。

僕は5歳だったので、当時のことはよく覚えていません。代わりに母が詳しく教えてくれました。

祖母は病気で在宅看護を受けていたとき、祖父に「一日一回笑わせて」と頼んでいました。約束通り祖父は一日一つ、笑い話を用意して語りかけました。

そしてある日、徹子さんと食事に行った話をしたそうです。

「チャック（徹子さんの愛称）が回転寿司に行ったことがないというので連れて行

ったら、席に座るなり隣の人が積み上げた皿をとって、『はい永さん、取り皿』と言って渡してきたんだ。隣に座っているおじさんが『それは僕のです』というと、チャックは『これはお店のお皿でしょう』と言ったの。『お店のお皿ですけど、僕のお皿なんです』って言われると、チャックは結局、『変なおじさん。まあいいわ、返してあげましょう』と言って返したんだよ。変なおじさんじゃない、君が変なおばさんなんだよって僕が言ってもわからないんだ」

そう話すと祖母は大笑いして、「チャックは相変わらず、本当に面白いね」と満足げに家族に語りかけました。

しかし、その後病状が悪化し、これが祖母に話した最後の話になってしまったそうです。

祖母の死は、もちろん祖父にとって大きな打撃でしたが、あるインタビューの中でこう語っています。

〝昌子との約束を僕と娘たちは全部果たしましたし、本人の思い通りに亡くなった。看取《みと》り方は100点満点をもらってもいいと思います〟

他にもこんな言葉を遺しています。

〝死は誰にでも訪れる。だったら納得の行く終わり方をしないと〟

冒頭で紹介した徹子さんへのハガキには、「100点満点の看取り方」をできたことへの感謝が込められていたのでしょう。

身近な人の死が悲しいことであるのは、言うまでもありません。悲しみながらもしかし、納得の行く看取り方をすれば、感謝の気持ちを持って受け止めることができるのだと考えさせられました。

今を生きる言葉―33

死は誰にでも訪れる。
本人の納得の行く弔い方で
看取ってあげよう

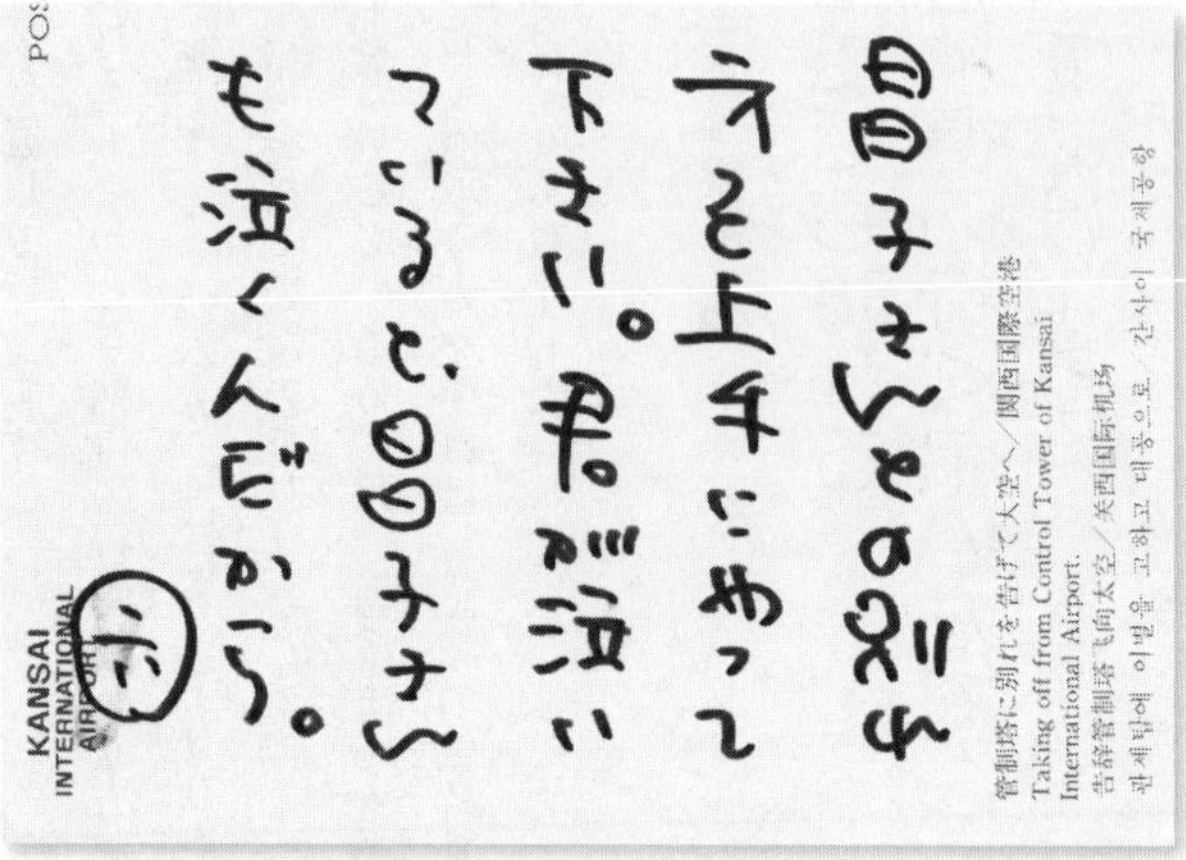

祖父の妻・昌子さんが亡くなったあと、旅先から家族に届いたハガキ。〈昌子さんとの別れ方を上手にやって下さい。君が泣いていると、昌子さんも泣くんだから。〉と記されており、悲しみにくれがちな家族たちを鼓舞し続けた。

人の死は一度だけではない

祖父が亡くなった翌月の「お別れの会」では、僕の母が、祖父の著書『永六輔のお話し供養』を朗読する一幕がありました。

〈僕がその人を忘れない限り、その人は存在していて消えることはない。僕たちは死者と共に生き、自分が死ねば誰かの心に記憶として宿る。でも、人は歳月の中で、亡くなった人のことを忘れがちです。だから、ときどき誰かと故人の思い出話をしたり、街角で出会ったりしましょうよ。

それも供養のひとつだという気がします〉

祖父が、自分と親交のあった亡き友人たちについて書いたこの本ですが、今となっては祖父自身について言っているようにも読み取れます。

24年間ラジオで毎週共演したラジオパーソナリティのはぶ三太郎さんは、祖父のことを思い出してこう話しました。

「永さんは番組の中で、色即是空という言葉を、ドーナツの穴に喩《たと》えて話していた。あるようでない。ないようである、と。僕にとっても、周りの人にとっても、今の永さんはまさにそんな状況だと思います」

不思議なことですが僕自身、祖父が生きていたときより今のほうが、祖父について考えるようになりました。

こんなとき、祖父だったら何を思い、何を言うだろう。祖父はもういないはずなのに、はっきりと存在を感じることがあります。

祖父は、人間の死は二度あるとも書きました。

〈人の死は一度だけではありません。

最初の死は、医学的に死亡診断書を書かれたとき。

でも、死者を覚えている人がいる限り、その人の心の中で生き続けている。

最後の死は、死者を覚えている人が誰もいなくなったとき。

そう僕は思っています〉

自分の死についてだけでなく、他人の死とどう向き合うべきか。

身近な人が亡くなったとき、お葬式をして終わりではなく、折に触れて故人のことを思い出し、いつまでも心の中に生かし続けることが、祖父の言うように本当の供養なのだと思います。

今を生きる言葉―34

忘れられない限り、その人の存在が消えることはない。大切な人を心の中で生かし続けよう

話せなくなってもラジオに出演

祖父の著書『大往生』の中に、珍しくわかりにくい言葉を見つけました。

〈死に方ってのは、生き方です〉

死に方は生き方？

高校時代に初めてこの言葉を読んだとき、何が言いたいのかさっぱり理解できませんでした。しかし今、祖父のお見舞いに行ったときのことを思い出すと、感じることがあります。

152ページでも書いたように、祖父は晩年、体の衰えにもかかわらずラジオを続けることにこだわりました。どんなに体調が悪くてもスタジオに入った途端、別人のように明るく振る舞う。

前立腺がん、パーキンソン病に加えて大腿骨頸部を骨折し、どうしてもスタジオに行けなくなったときは、病院に機材を持ち運んでまで生出演。それもできないほど体調が悪くなってからは、病室で自分の番組を聴きながら、何か言いたいことがあると付き添っている家族にメールをさせ、スタジオにメッセージを送りました。

亡くなる数ヶ月前、いよいよ病状が進んだ頃には、僕がお見舞いに行っても眠っていることが多くて、話すことはできませんでした。

しかしあるとき、目をつむったまま何か話し出しました。僕に話しかけているのかと思って耳を傾けると、そうではありませんでした。

それは明らかに「トーク」のしゃべり方で、ラジオに出演しているかのように、一人で呟《つぶや》いていたのでした。

ラジオに寄せる祖父の思いは知っているつもりでしたが、意識があるかないかわからない状態でも、ラジオへの執念を持っていたのです。

祖父は「生」に関する対談の中で、こう語っています。

〝人生には「生」の字があてられていますが、僕にとってはいつ死ぬか、どう死ぬかが最大のテーマです。毎日のように、自分に問いかけています。いつ死ぬか、どう死ぬかって〟

繰り返しになりますが、祖父は様々な仕事を経験したうえで、結局ラジオを最後に選びました。祖父は自分の死を考えたとき、ラジオをやりたいと思ったのでしょう。

死を目前にしたときの生き方こそ、自分が最も大切にする生き方。それが何かを考えて、今の自分の生き方にする。祖父の言葉と行動から、そんなことを学びました。

今を生きる言葉―35

死に方というのは生き方。
人生の最大のテーマは
いつ死ぬか、どう死ぬかだ

徹子さんへの「太鼓の音」の秘密

祖父が亡くなった半年後、黒柳徹子さんから伺った話です。

２０１４年、東京国際フォーラムで、『夢であいましょう』というコンサートが開かれました。１９６０年代に放送されたＮＨＫのテレビ番組『夢であいましょう』のメンバーが集まり、歌やトークを披露するイベントでした。

祖父は本番前、一緒に司会を務める徹子さんに向かって、こう呟いたそうです。

「ねえ、友達でいてね」

突然どうしたのかと驚き、徹子さんが「何言ってるの、友達じゃない」と返すと、祖父は珍しく弱々しい声で言いました。

「でももう、みんないないんだよ」

中村八大さん、渥美清さん、坂本九さんをはじめ、祖父や徹子さんと一緒に『夢であいましょう』を作り上げた青春時代の仲間たちは、そのときすでに亡くなっていました。

また、妻・昌子さんを亡くしたショックは大きく、祖父は精神的にかなり参っていたようです。

徹子さんはそれから何年にもわたり、祖父と頻繁に連絡を取り合い、寂しさを紛らわせようといつも気にかけてくれました。

時が経ち、祖父が亡くなる数日前のことです。徹子さんは二度にわたって祖父の家を訪れ、「永さん！永さん！」と声をかけましたが、祖父は徹子さんの顔を見て「あははは！」と笑うだけでした。

ありがとうも、さようならも伝えることなく、ただ「あははは！」と笑うだけ。

それが最後の面会になりました。

翌月の「お別れの会」では、祖父と親交のあった太鼓奏者・林英哲さんの演奏がありました。演奏が終わり、徹子さんが献花台に花を置いた瞬間、英哲さんが太鼓を「ドン！」と鳴らしました。

徹子さんは体が浮くほどびっくりし、何事かという目で英哲さんを見ました。

後日、英哲さんから届いた手紙には、こう記されていたそうです。

〝あのときは驚かせてしまい申し訳ありませんでした。永さんから、「黒柳くんが僕の葬式で献花するときは、思い切り大きい音を出してくれ」と頼まれていたのです〟

徹子さんには心から感謝していた祖父でしたが、最後まで直接的な言葉で伝えることを選ばなかったようです。

徹子さんは僕に、冗談交じりに語ってくれました。

「私たちは一度住むところを変えて生きていくことにしただけ。またいつか逢《あ》って、一緒に過ごした60年間のことを話し合うの。あの手紙を見たとき、もしかしてあなたのおじいちゃん、私のこと好きだったんじゃないかしらと思ったわ」

最後の最後まで、やりたいことに心血を注ぐ。そして自分が死んだ後のことまで考えて、演出を用意しておく。

祖父はこんな言葉も遺しています。

〝子どもや孫たちに死というものを教える。誰かのためだというなら、死ぬということがとても価値あるものに思えてくる。死んで見せることが、僕にとって最後の大仕事になるんでしょうね〟

最後に祖父は、まさに「死んで見せる」ことで、僕たちに様々なメッセージを遺してくれました。

今を生きる言葉—36

子どもや孫たちに死というものを教えよう。「死んで見せる」ことが人生最後の大仕事になる

感謝と弔辞

今回、「永（六輔）さんのためなら！」と快く取材に応じてくださった方々の話を、紙幅の都合ですべては紹介することができませんでした。

遠藤泰子さん、オオタスセリさん、隈元信一さん、久米宏さん、黒柳徹子さん、小林亜星さん、佐伯美佳さん、さだまさしさん、清水ミチコさん、タモリさん、外山恵理さん、中井征勝さん、長峰由紀さん、中村順子さん、中村力丸さん、橋本隆さん、はぶ三太郎さん、林英哲さん、ピーコさん、矢崎泰久さん（五十音順）には、極めて多忙の中、貴重な時間を割いていただきました。

祖父と親交のあった一般の方々、永家の人たちからも貴重な話を伺いました。

最後に、祖父・永孝雄に、感謝の意味も込めて、この場で「弔辞」を送らせていただきたいと思います。

弔辞――肩書きに縛られないために

永六輔さん。

亡くなる2年ほど前、僕は数々の質問を無様にかわされ、あなたと一緒に散歩をして帰りました。

明治神宮を歩きましたね。ちょうど紅葉の季節でした。

あなたは境内に植えられた木々を指さして、「これは全都道府県から一本ずつ、その土地の木を持ってきてるんだ」と教えてくれました。

例によって僕は「そんなことより…」と思い、相談を持ちかけましたね。

「もうすぐ受験だけど、落ちたら浪人するか、別のところに行くか迷ってるんだよね」

あなたは一瞬、僕の顔を見たものの、再び歩き出してたった一言、こう告げました。

「楽しんで」

またかわされた…。あなたの後ろ姿を見ながら、僕は苦虫を嚙み潰したような表情を浮かべていたものです。

しかし今思えば、あの一言に、すべてが込められていたのかもしれません。

あなたが37歳のときの著書『女=父と子』の中に、「千絵と麻理へ」と題して、二人の愛娘に向けて書いたメッセージを見つけました。

当時、娘たちはまだ小学生でしたが、10年後、大きくなった二人に向けて親からメッセージを送る、というテーマです。10ページにわたる文章の最後に、こんなことが記してありました。

〈君たちの足で、目で、口で、はだで、何が美しく、何がおいしく、何が楽しいものかを探しだして、その一つを財産にするのだ。

一つでも多くの横町を曲がり、少しでも先まで歩いていきなさい。君たちは若い。他人に案内されることはない。地図をたよりにするほど年はとっていないはずだ。〉

他人に案内される人生ではいけない。

「あなたから何かを教わる」という考えが、そもそも間違っていたのでしょう。あれこれ考えず、自分の好きなように楽しく生きればいい、と。

今ではもう一つ、「楽しんで」という言葉から、思うことがあります。

「思い切りよく生きよう」ということです。

幼少期の苦い経験、それを原動力に生涯貫いた反骨精神。ラジオから作詞へ、テレビからまたラジオへ。大阪へ渡ったり、デモに参加したり、尺貫法のために闘ったり。一日100枚ものハガキを出し、日本中に足を運ぶ。死ぬ間際にも仕事への執念を見せ、死んだあとも僕らの心に生き続ける。

あなたが生きた83年間を前にすると、僕の悩みや迷いなど、何と些細なことでしょう！

一人の人間が遺したものとは思えないほどの、精力的な行動の数々。そして、その一つ一つの思い切りのよさ。悩んでいる暇などなかったでしょうね。

「楽しんで」と言ったあなたの後ろ姿を思い出すと、くよくよせず、もっと大きく生きろよ、と言われているような気がします。

20年間、有難うございました。

「永六輔の孫」という〝肩書き〟に縛られることなく、自分の人生を思い切り、楽しく、上を向いて歩いていこうと思います。

２０１７年6月

永拓実

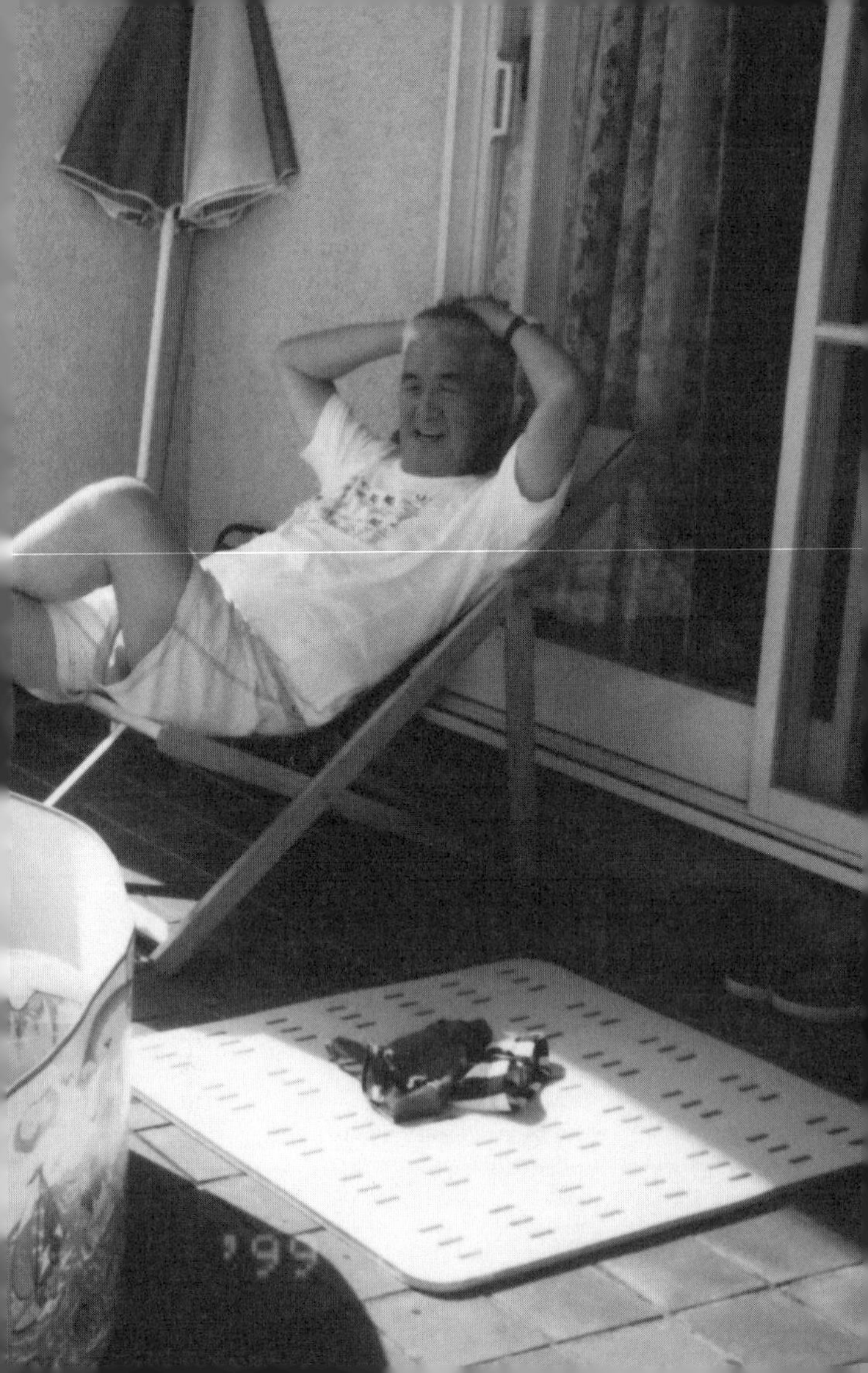
'99

まさに〝分刻み〟のスケジュールをこなす祖父だったが、短い時間ながらも家族と一緒に過ごす時間をとても大切にしていた。写真は、祖父が66歳、僕が3歳のとき、自宅前にて。僕にはいつも笑顔だった印象が強く残っている。

文庫特別対談
永六輔なら「コロナ禍とウクライナ問題」にどう向き合うか

さだまさし×永拓実

大きな時代の転換点に涙した

拓実　2022年の7月で、祖父・永六輔の七回忌になります。

さだ　もうそんなに経《た》ちますか。つい昨日のことのようです。きっと永さんが近くにいるような気がしているからだろうな。

拓実　僕もそう思うことが多いです。ふとした拍子に祖父の存在を感じます。

さだ　亡くなったのは、2016年の夏でしたね。

拓実　七夕の日でした。

さだ　あの年のことはいろんな意味で記憶に残っていて、当時のオバマ大統領が、現職のアメリカ大統領として初めて広島を訪れたんです。最初はね、冷ややかに中継を見ていた。でも広島の平和記念公園をオバマ大統領が歩いていくシーンを見ていたら、なんだか、ほろほろ、ほろほろ、涙が出て止まらなかった。感謝とか感激じゃない、大きな時代の転換点に立っているんだっていうことをその時に感じたんだろうね。それから2カ月も経たないうちに、永さんが亡くなってしまった。僕の中ではこの二つの出来事が繫がっている。大きな時代の転換点だという思いがさらに強くなった。

拓実　たしかに祖父が亡くなってから、驚くほど世界が変わりました。アメリカ大統領が公然と人をののしる時代になるとは思いも寄りませんでした。

さだ　ああ、トランプさんね（苦笑）。アメリカ人も本音と建前で生きている人たちなんだけれど、これまでは差別や偏見を口にしないように振る舞ってきたんだよね。本音を覆い隠し、理想を語る。それがアメリカ人の流儀だった。それなのにトランプさんがはっきりと本音を口にしちゃったから、そりゃあ世界は大混乱です。今のバイデン大統領は、その尻拭いに大変なんじゃないかな。ああいうトランプさんみたいな人が出現するたびに、「永さんが生きていたら、なんて批評するかな」と思いますね。

祖父が有名人だと知らなかった

拓実　祖父に聞きたいことはたくさんあります。もっと聞いておけば良かったな、と思いますが、それは叶《かな》いません。

さだ　小さい頃の拓実くんは永さんのことをどう見ていたの？

拓実　普通にわが家のおじいちゃんとしか（笑）。僕が物心ついた時には、祖父はほとんどテレビに出ていなかったんです。

さだ　永さんがテレビを作ったようなもんなんだけどね（笑）。

拓実　そんなことはまったく知りませんでしたし、子どもにとってはテレビに出ている人＝有名人でした。だから特に自分の祖父が有名人だと思わず……。ザ・

ドリフターズでお馴染《なじ》みの『いい湯だな』も、小さい頃に歌っていましたけど、あれが祖父の作詞だと知ったのは、大学生になってからです。

さだ でもラジオには出ていたじゃない。

拓実 土曜の朝は、祖父の喋《しゃべ》るラジオ（TBSラジオ『永六輔の土曜ワイド』）がリビングに流れていました。でもそれが日常だったので、あまり気に掛けていなくて。小学校で、祖父の名前が出たこともあったんですけど、同級生はまったく反応なし（笑）。先生方や、親世代は驚いていたみたいですけど。

さだ 永さんは、ある時点でテレビに腹を立てたんだよね。だから自分の思いをきちんと伝えられるラジオを主戦場にした。でも、今に続くいいテレビ番組をたくさん作ってくれました。『夢であいましょう』（NHK）なんて奇跡的な番組ですよ。黒柳徹子さんや渥美清さん、坂本九さんら、その後の芸能界を席巻する人たちを集めて、生放送でバラエティをやっていたんだから。

拓実 今なら考えられません。

さだ 『遠くへ行きたい』（読売テレビ・日本テレビ系）もそう。テレビの旅番組はあれが嚆矢《こうし》じゃないかなあ。最初は「六輔さすらいの旅・遠くへ行きたい」というタイトルでね。永さんが日本各地を旅するだけなんだけど、それだけで面白いんです。そして、この番組は僕の原点でもある。自分のラジオ番組にも「遠くへ行きたい」というコーナーを作ってしまったほどですから。

拓実　それも面白そうです。

好奇心と行動力が大切

さだ　永さんはずっと日本全国を旅していたからなあ。

拓実　外国に行くこともありましたが、ほとんど日本でした。日本文化というものに、関心と誇りがあったのかもしれません。家族としても、いつもどこかを旅しているイメージでした。見かけないなと気づくと、たいてい旅の空でした。

さだ　そして旅先から葉書が届く。

拓実　僕も何通も受け取りました。

さだ　本当に筆まめな方でしたね。葉書と筆ペンを持ち歩いていて、思いついたらサッと書いて投函《とうかん》する。僕は永さんに憧れて、思い立ったらすぐに会いたい人に会う、行きたい場所に行く、と決めて実行しています。少し前になるけど、本島修先生に会いに行ったんです。水素の核融合を研究している先生で、ウラン燃料の代わりに水を使うから、究極のクリーンエネルギーになる可能性を秘めている。これが完成すれば、世界のエネルギー問題や地球温暖化問題は解決するんじゃないかってことで、これはすごいと会いに行った。永六輔ばりの好奇心と行動力でしょ（笑）。

拓実　はい、祖父の背中を見ているようです（笑）。

さだ　だけど永六輔にはなれないんだ。だって筆まめじゃないから（苦笑）。この筆まめだけは、どうしてもマネできない。全部を記憶することもできないから、体験が流れていってしまう。拓実くんはどう？

拓実　僕も旅好きですが、意外と筆まめかも。祖父の遺伝かもしれません（笑）。

さだ　間違いなく遺伝だな。

拓実　先日、山口県阿武町の誤送金問題で、ミスした役所や受け取って返そうとしなかった人が叩《たた》かれたじゃないですか。

さだ　ああ、4630万円。ああいうのも、永さんだったらどう思うかって聞いてみたかったたな。だめなことはだめ、とキッパリしていたけど、弱い者イジメもしない人でしたから。世論の尻馬に乗って、誰か一方を叩く、ってことはしなかったんじゃないかなあ。

拓実　この件については、ニュースやワイドショーの過熱報道ぶりを茶化したかもしれません。「最近のメディアは権力に対しては忖度《そんたく》するのに、一般人の不祥事になると大はりきりで叩くんだな」とか、笑いつつ批判したと思います。

さだ　永さんならやるね（笑）。面白がる、笑い飛ばす、っていうのが永さんの真骨頂だから。

拓実　祖父は面白がる達人でしたから。

さだ　その代わり、「不愉快になる闘い」はしないんだよな。深刻な問題って、議論するとどちらも不愉快になりますよね？　議論が堂々巡りになるだけだから。

永さんは粋だから、そんな野暮なことはしない。その代わり、「米穀配給通帳」の廃止運動をしてみたり、「尺貫法」復活を唱えてみたり。立腹もしているけれど、そのこと自体を面白がり、関わっていく。

拓実　その一方で、日本国憲法99条を守れ、と声を大にしていました。

さだ　99条にはこうあります。「天皇又は摂政及び国務大臣、国会議員、裁判官その他の公務員は、この憲法を尊重し擁護する義務を負ふ」

拓実　「憲法はあくまで国の舵《かじ》取りをする政治家や役人、つまり為政者を縛るための法律なんだ」って。どことは言いませんが、某党の草案に非常に腹を立てていました。草案を読んで「政治家が国民を縛ろうとするとは、ちゃんちゃらおかしい」って。そもそも99条があるのに、政治家が憲法を変えようということ自体が憲法違反だって怒っていました。

さだ　「ちゃんちゃらおかしい」って江戸っ子だね。気っ風がいいよね。永さんは反骨心を持つ人です。権力の側に絶対になびかない。いわばロックな人。みんなが忖度して口を閉ざすことだって、きちんと口にしていました。決して黙っちゃあいない。ウクライナ問題についても、言いたいことはあるだろうね。

無名の人でも輝ける時代

拓実　ウクライナ問題には、祖父も心を痛めると思います。親交の深かった野坂昭如さんの「二度と餓《う》えた子どもの顔は見たくない」という言葉が、祖父の反戦の思いの原点にありましたから。実際、ウクライナでは、小さな子どももたくさん犠牲になっています。

さだ　とんでもない世の中になりました。だって、戦争の実況中継をテレビやユーチューブでやっているんですよ？

拓実　これが本当に現実に起きているのかと、たまにわからなくなります。日常になってしまうのが怖い。戦争という日常が当たり前になっていくというか。

さだ　戦争をこんなふうに消費していいのか、と思いますね。インターネットによって世の中は便利になったけれど、一方で、こんな事態も招いてしまうのか、と。

永さんは、インターネットについては、何か言っていました？

拓実　祖父はパソコンもやりませんでしたし、スマホ以前に、携帯すら持っていない人だったんですけど、インターネットによって、無名の人が世界に発信できるようになった、ということを喜んではいました。

さだ　永さんらしい反応だなあ。さすが、無名の人の言葉を編集して『大往生』という大ベストセラーを世に送り出した人だけのことはある。

拓実　パソコンもスマホも持たないのに、どうやってそういう情報をキャッチしていたのか謎なんですけど（笑）。

さだ　永さんは好奇心の塊のような人だからなあ。アンテナの張り巡らし方が、人と違っていた。それでいて、情報や流行に踊らされることなく、さっと本質だけ摑《つか》まえる。ここがすごい。インターネットの発信力を評価していたのなら、きっとピコ太郎（古坂大魔王）のことは大絶賛するね。

拓実　『ペンパイナッポーアッポーペン』（PPAP）ですね？

さだ　アメリカでいちばん売れて有名になった日本の曲は、永さんが作詞した

『上を向いて歩こう』（米国名「SUKIYAKI」）だったけど、『PPAP』は、それに並んだんじゃない？　しかもプロモーションにお金をかけたわけでもなく、ユーチューブの、これまたお金をかけない撮影で、世界を席巻してしまったんだから。金をかけずに世界をとる。世界的な有名人になる。これもネットならではかもしれないね。

拓実　『PPAP』の全世界での累計再生回数が20億回を超えてしまいましたもんね。

さだ　……僕もやったんだよ。

拓実　何をですか？

さだ　『PPAP』の和風バージョン。こないだ見たら、400万回再生だって。

拓実　そんなにもですか？　すごい！

さだ　ピコ太郎と永さんをコラボさせてみたかったね。どんな化学反応が起こるか。ジャスティン・ビーバーより先に、永さんがピコ太郎を発見したかもしれないよね。

拓実　怖いもの見たさですけど、ぜひ見てみたかったですね（笑）。

コロナ禍での「工夫」に目を向ける

さだ　新型コロナのことも聞いてみたいけど、永さんが亡くなったのは2016年だから、コロナ騒動は知らずに逝ったわけだね。

拓実　こういう言い方は語弊があるかもしれませんが、ある意味、祖父にとって幸せだったかもしれません。自由を制限されることをもっとも嫌っていましたから。政府による行動制限なんて、ストレスだけだったと思います。でも、もしコロナ禍を経験していたら、きっと前代未聞の世の中を観察しながらいろいろな考えを巡らせて、思いも寄らないような観点で何か発言したんじゃないかと思います。

さだ　拓実くんはコロナ禍をどう過ごしていたの？

拓実　どこにも行けず、鬱々《うつうつ》としていました。さださんのほうは、本当に大変でしたよね。コンサートとかどうされていたんですか？

さだ　コロナが問題となった当初は、まったくコンサートができませんでしたね。それでも私たちがコンサートをすることで勇気づけられる人もいる、と思って、7カ月後に、会場の入場者数を5割以下に制限してツアーを再開しました。今、ようやく会場の人数制限もなくなり、満員の会場が戻ってきました。ほら、さだまさしのお客さんは踊らないし、絶叫もしないから（笑）。それでも、僕たちはだいいい。仕方ないものは仕方ない、と切り替えられたから。でも、世の中には、それでも移動しなければならなかった人がいましたし、世のため奮闘しなければならない人がたくさんいた。永さんならどう思ったかな。

拓実　コロナ禍でも、いろいろ工夫してがんばっている飲食店のニュースを見ました。そういうのを見ていて、きっと祖父なら、こうした「工夫」に目を向けるんじゃないかと思いました。

さだ　なるほど、「あいつはマスクをしてない！」と叩くんじゃなくて、「あそこはがんばっている」というところに着目する。

拓実　祖父は反骨精神の強い人でしたが、深刻に何かを訴えるというよりも、「笑い」を交えて表現することを大事にしていました。大変なことには変わりありませんが、叩いたり嘆いたりするだけでは、笑いは生まれませんから。

さだ　そうだね、永さんの「面白がる」ってそういうことかもしれないな。

人と人を繋げると面白いことが起きる

拓実　さださんから見ると、祖父はどんな人だったんですか？

さだ　もうね、好奇心の塊。落ち着きがない、というのは僕も言われることだけど（苦笑）、永さんもね、じっとしていないんだな。東に面白い人がいると聞けば駆けつけ、西に変わった人がいると聞けば話を聞きに行く。有名無名問わず、好奇心に任せて人に会いに行く、というのが永さんでした。

拓実　他の人から祖父の話を伺うのは新鮮です。

さだ　それで永さんのすごいところは、人を繋げていくの。「削ろう会」ってあるでしょ？

拓実　向こうが透けて見えるような、うすーい鉋屑《かんなくず》を出す、あの。

さだ　そう、鉋の達人の大工さんたち。大工の手道具や伝統技術を守ろうとしている人たちなんだけど、この人たちの活動内容を知り、それをラジオで全国に広めたのが永さん。で、僕も紹介されたんです。それで「削ろう会」の方々との付き合いが始まって、今も続いています。中には僕のコンサートに毎年来て下さる方もいます。ありがたいですね。

拓実　祖父は、人と人を繋げていたんですね。

さだ　誰かと誰かを繋げると、さらに面白いことが起きる。そう思っていたんじゃないかなあ。永さんの人間関係は、「この人と仲良くするとビジネスで役に立つ」とか、そういうことが一切なかったもの。そういう嫌らしさがない。純粋に、面白がっている。だからみんな、永さんのことが好きなんだろうな。

拓実　祖父は幸せな人だったんですね。

さだ　拓実くんから見ると、どんなおじいさんだったの？

拓実　レストランで食事をしていると、途中で「君たちはごゆっくり。僕は先に帰って原稿を書くから」と席を立ってしまうことがありました。多分、考え事などがあって、ひとりになりたかったんだと思います。ひとりの時間を大切にしていました。いつも途中で席を立つわけではないのですが、そういう祖父の姿が記憶に残っています。

さだ　そうか、永さんは人に会いに行く人だったから、その分、ひとりの時間が必要なのかもしれないなあ。そもそも食事にそれほどこだわりがないし（笑）。

拓実　ええ、グルメという人ではありませんでしたね。そういうことには、興味を払っていませんでした。

さだ　永さんは文化的なんだよね。だから品がある。ガツガツしていない。この話題の幅の広さっていったらなかった。で、時々眉唾な話が混じる。

拓実　フフフフ。

さだ　永さんの話は、会うたびにグレードアップされていくんだよね。進化していく。話を盛る、というのとはちょっと違って、より練り込んでいくというか。

行動の基本に、面白がるとか、人を楽しませる、というものがあるから、虚実入り混じったっていい。ある意味、僕のトークも、永六輔流を受け継いでいる（笑）。

二度死なせてはいけない

さだ　永さんがね、よく言っていたんです。「人は二度死ぬ」って。

拓実　はい、よく覚えています。「人は医学的な死がまず一度あって、そしてその人を覚えている人が誰もいなくなった時が本当の死だ」と。それで思い出したんですけど、数年前に、小林亜星さんにお目にかかったんです。

さだ　あの作詞・作曲家の小林亜星さん？

拓実　そうです。祖父が亡くなったあと、「飲みに行こう」と誘ってくださり、ご一緒しました。亜星さんといえば、テレビでもお馴染みでしたし、「この木なんの木～」とか、『怪物くん』の主題歌とか、20代の僕でも知っています。その亜星さんが、飲んでいる最中におっしゃったんです。「オレはバッハでもハイドンでもねぇから、死ねば忘れられるんだ」って。

さだ　ああ、あの亜星さんも。

拓実　祖父の「人は二度死ぬ」という言葉に実感が持てました。

さだ　そっかあ。亜星さんも去年（2021年5月）、亡くなられたもんなあ。

拓実　はい。そのこともあって強く実感したんです。きっと、「その人のことを知っている」人が、その人のことをずっと語り継いでいくことが、残された人間の役目なんじゃないかって。「人は二度死ぬ」って、そういうことを言いたかったのかなと。

さだ　お葬式や法事のお斎《とき》（後席）で、酒を酌み交わしながら故人のことを語り合うけれど、あれは故人のことをずっと語り継ぐためのものでもあるんだよね。

拓実　さださんとこうして対話できたことで、祖父も喜んでいると思います。僕なりのいい供養のひとつになりました。

さだ　ということは、この文庫本の出版は、「永六輔という不世出の傑物が世間から忘れ去られないためのキャンペーン」のひとつだね（笑）。

拓実　そうなると嬉《うれ》しいです。

さだ　でも僕は絶対に忘れないよ。忘れようたって忘れられない。だって、永六輔さんみたいな人、二度と出てこないから。あんな生き方をする人、もう現れないから。残された僕たちが、少しでも永さんのDNAを受け継いでいかないといけないよな。それが本当の意味での供養だと思う。少しでも「永六輔」という生き方を受け継がないとな。頼むぜ、孫！

拓実　がんばります！

永六輔　えい・ろくすけ

一九三三年、東京生まれ。父は浅草の寺の住職で、寺の息子として育つ。中学校時代からラジオ番組への投稿を始め、早稲田大学在学中に草創期の放送の世界へ。以降、テレビやラジオ番組の放送作家、作詞家、タレント、随筆家としてマルチに活躍。主な作詞に『上を向いて歩こう』『見上げてごらん夜の星を』『こんにちは赤ちゃん』など。著書に二〇〇万部を超え、社会現象にもなった『大往生』ほか多数。二〇一〇年にパーキンソン病と前立腺がんを公表後も、ラジオ番組出演や講演活動などを積極的に展開していた。一六年七月逝去。

さだまさし

長崎県長崎市生まれ。一九七二年にフォークデュオ「グレープ」を結成し、七三年デビュー。七六年ソロデビュー。『雨やどり』『秋桜』『関白宣言』『北の国から』など数々のヒットを生み出す。二〇〇一年、小説『精霊流し』を発表。以降も『解夏』『眉山』『かすてぃら』『風に立つライオン』『ちゃんぽん食べたかっ！』などを執筆し、多くがベストセラーとなり、映像化されている。一五年、「風に立つライオン基金」を設立し、被災地支援事業などを行なう。

永拓実　えい・たくみ

一九九六年、東京都生まれ。祖父・永六輔の影響で創作や執筆活動に興味を持つようになる。東京大学在学中に、亡き祖父の足跡を一年かけて辿《たど》り、『大遺言』を執筆。現在はクリエイターエージェント会社に勤務し、小説やマンガの編集・制作を担当している。国内外を一人旅するなどして地域文化に触れ、二〇一六年、インドでの異文化体験をまとめた作品がＪＴＢ交流文化賞最優秀賞を受賞。母は元フジテレビアナウンサーの永麻理。

―――本書のプロフィール―――

本書は、二〇一六年十一月に刊行された『笑って、泣いて、考えて。』と、二〇一七年六月に刊行された『大遺言』の二冊を、改題、加筆、修正の上、文庫として刊行したものです。

小学館文庫

永六輔《えいろくすけ》　大遺言《だいゆいごん》

著者　さだまさし　永拓実《えいたくみ》

二〇二二年七月十一日　初版第一刷発行

発行人　水野麻紀子

発行所　株式会社　小学館

〒一〇一-八〇〇一

東京都千代田区一ツ橋二-三-一

電話　編集〇三-三二三〇-五五三五

販売〇三-五二八一-三五五五

印刷所――大日本印刷株式会社

この文庫の詳しい内容はインターネットで24時間ご覧になれます。
小学館公式ホームページ　https://www.shogakukan.co.jp

ISBN978-4-09-407164-1